David Fermer

NONSTOP BMX!

Mit Illustrationen

von Alexander Weiler

Thienemann

Spezielle BMX-Ausdrücke
werden in einem Glossar
im Anhang erklärt.

Geplatzter Traum

Je höher der Aufstieg, desto tiefer der Fall. Das hat Johnny immer gesagt und er hatte Recht. Tiefer geht's nicht, als dorthin, wo ich jetzt bin. Ich hab verloren – und das noch bevor der Wettbewerb losgegangen ist. Morgen beginnen die BMXMasters in Köln und ich werde nicht dabei sein. Ich darf nicht. Ich bin ein Mädchen. Mädchen dürfen nicht an der Kategorie *Halfpipe* teilnehmen. Und jeder weiß es: Im Sport muss man sich an die Regeln halten.

Der Fall nach dem Aufstieg tut weh. Ich bin völlig fertig. Ich hab das Gefühl, dass ich nie wieder aufstehen werde, geschweige denn BMX fahre. Es ist vorbei für mich. Seit Stunden hocke ich hier in meinem Zimmer. Mein großer Bruder Benno klopft ständig an meine Tür. Aber ich mach nicht auf. Ich möchte nur alleine sein.

Es ist so viel in den vergangenen Wochen passiert, dass ich über alles nachdenken muss – und das ist eine Menge. Mein Kopf dreht sich wie ein Riesenrad, aber ich glaube, es löst sich aus der Verankerung. Irgendwie wackelt bei mir das ganze Gerüst. Gleich bricht es zusammen. Dann wird's krachen!

Ich frag mich die ganze Zeit, was ich falsch gemacht habe, wieso es schief gegangen ist, ob ich etwas hätte anders machen sollen. Tausend Fragen ohne Antworten. Es hätte alles anders ausgehen können. Morgen hätte ich den Pokal in die Luft halten können. Ich hätte den ersten Preis bekommen können: einen Platz in der BMX-Schule Woodward in Amerika. Ein Traum! Aber nein, es ist alles aus – zack! Obwohl ich so nah dran war.

Ja, Johnny hatte Recht. Wenn du Kopf und Kragen riskierst, dann kannst du auch den Kopf verlieren. Das weiß ich, vor allem jetzt. Aber wer nichts riskiert, kann nichts gewinnen. Das stimmt, oder? Und das Risiko, das ist doch was Besonderes. Das Risiko, das habe ich immer geliebt. Für mich war BMX immer Risiko pur …

Calling home

I can hear the phone **ringing**[1] on the other end of the **line**[2]. It's ringing in Dublin. *Dublin*. Just the sound of that name makes me feel warm inside. Dublin is great. Dublin is home. Dublin is where I **belong**[3]. But right now I'm in Cologne in Germany, and Dublin feels like it's on the other side of the world.

Someone picks up the phone.

"Hello?" says a voice that I **recognise**[4] immediately. It's my best friend, Greg.

"*Beep! Beep! Beep!*"

The phone at my end immediately starts to **beep**[5]. The money has already run out! I quickly put three more euros into the phone. The display says "Restzeit: 10 Minuten" and starts counting down. 10:00 – 9:59 – 9:58 – 9:57 …

"Hello? Who's there?" says the voice I know so well.

"Hi, Greg! It's me, Vincent," I say, having

[1] to ring – klingeln
[2] line – Leitung
[3] to belong – hingehören
[4] to recognise – erkennen
[5] to beep – piepen

satisfied[1] the money-drinking German telephone.

There's a short silence. I can hear Greg thinking, 'huh? but Vincent's in Germany … ???'

"Hey, Vincent!" The penny drops in his head like my money just did in the telephone. "Where are you calling from?"

"From a **phone booth**[2] in Cologne Airport."

Greg falls silent again. 9:27 – 9:26 – 9:25 … If he spends so much time thinking, this call is going to cost me a **fortune**[3]!

"Cologne airport?" he says surprised. "What are you doing there?"

"I'm coming home."

"But … the **competition**[4] starts tomorrow!"

I have known Greg all my life. He's more than a good **mate**[5]. He knows where I am and what I'm doing 24/7. That is, twenty-four hours a day, seven days a week.

"Yeah, I know," I tell him. "But I'm not going to **participate**[6]."

My head is so full, it feels like it's about to ex-

[1] to satisfy – zufrieden stellen
[2] phone booth – Telefonzelle
[3] fortune – Vermögen
[4] competition – Wettbewerb
[5] mate – Kumpel
[6] to participate – teilnehmen

plode. I decide to get straight to the point. "Listen, I've got a problem."

"A problem? What's **happened**[1]?"

I laugh. What's happened? Just you wait! **A hell of a lot**[2] has happened, believe me. So much, in fact, that I don't even know where to begin.

"Have you got time right now?" I ask because I know it's going to take a long time and a lot more euros to tell him all the things that have happened to me since I've been in Germany.

"Of course!" says Greg, his voice almost **bursting with curiosity**[3]. "So come on, tell me! What's happened?"

"Well, it's like this ..."

Startschuss

Vor vier Wochen fing alles an. Nein, das stimmt nicht. Eigentlich fing es an meinem vierzehnten Ge-

[1] to happen – passieren
[2] a hell of a lot – verdammt viel
[3] to burst with curiosity – vor Neugier platzen

burtstag an, als Johnny und ich zusammengekommen sind. Das war der Startschuss. Seitdem habe ich nicht mehr zurückgeschaut.

Johnny ist der coolste Junge bei uns in der Schule, also zumindest in der neunten Klasse. Er sieht extrem gut aus mit seinen langen, blonden Locken und seinen großen, dunklen Augen, und das weiß er auch. Alle Mädchen aus meiner Klasse fahren voll auf ihn ab, aber Johnny war immer zu cool, um sich mit Mädels zu beschäftigen. Nein, ihn hat nur eins interessiert: BMX. Das ist sein Ein und Alles.

Ich wollte auch mit ihm zusammen sein. Manchmal kam es mir vor wie ein Wettbewerb und Johnny war der Hauptpreis. Im Nachhinein eher ein Trostpreis. Jetzt frag ich mich, warum ich damals überhaupt so gedacht habe, aber es war halt so. Ich stand auf ihn. Und ich hab gewonnen, weil ich wusste, dass ich nur über BMX an Johnny rankommen konnte.

So hab ich mit dem ganzen Kram angefangen. Johnny lieh mir sein altes Rad und ich wurde offizielles Mitglied seiner Clique. Ich war das einzige Mädchen in der BMX-Halle, das einzige Mädchen in einem Meer von Jungs. Immer nur Jungs. Jungs, Jungs und noch mehr Jungs.

Aber es dauerte nicht lange, bis BMX mich richtig schwer erwischt hat. Ich war voll infiziert. Dann vor vier Wochen änderte sich alles. Es war kurz vor den Sommerferien. Johnny hatte schon sein Anmeldeschreiben für die BMXMasters in Köln bekommen. Die Meisterschaft zu gewinnen war für ihn eine Sache auf Leben und Tod.

Alle fieberten mit ihm. Die Jungs aus unserer BMX-Clique waren Feuer und Flamme. „Go, Johnny, go!“ und „Johnny fährt nach Amerika!“, riefen sie ihm ständig zu, während er in unserer BMX-Halle trainierte.

Ich fieberte auch mit. Schließlich war er mein Freund. Selbstverständlich wollte ich, dass er gewinnt.

Aber kurz nach seiner Anmeldung passierte etwas Komisches. Johnny trainierte einen 540er in der Halle. Er hatte irgendwie Schwierigkeiten mit der Landung und stürzte immer wieder. Ein 540er sieht so aus: Du fährst die Halfpipe-Rampe mit einem Mordstempo hoch, saust ein paar Meter in die Luft und drehst dann deinen Körper und dein Rad 540 Grad, also anderthalbmal, im Kreis. Das sieht richtig gut aus, aber ist superschwer. Ich hatte bis dahin selber noch nie einen 540er geschafft.

An dem Tag schaute ich Johnny zu und hatte plötzlich das Gefühl, dass ich selber den Trick hinkriegen könnte. Keine Ahnung, aber ich dachte, ich probier es.

Ohne ein Wort zu sagen, fuhr ich auf die Halfpipe und gab Gas. Ich schaffte ihn beim ersten Versuch: sauber abgesprungen, sauber gedreht, sauber gelandet. Ich war völlig baff. Die Jungs ebenfalls.

Johnny sah mein Kunststück auch, aber nicht mal ein klitzekleines Lob kam über seine Lippen.

Stattdessen lächelte er mich kalt an und hauchte: „Nicht vergessen … Je höher der Aufstieg, desto tiefer der Fall.“

„Was ist los?“, fragte ich irritiert. „Warum freust du dich nicht für mich?“

„Doch, doch, Tine, ich freu mich riesig“, meinte er mit gefühlloser Roboterstimme. „Das ist super.“

Ich war völlig verblüfft. Hallo? Was ist hier los? Bin ich plötzlich Mitglied des V.V. – des Vollidioten-Vereins – geworden, oder was?

„Normalerweise schaff ich’s auch“, grunzte er und winkte lässig ab, als ob ich das kleine Kind von nebenan wäre, das ihm ständig mit seinem Geschrei auf den Keks ging.

„Ich versteh nicht, warum du so komisch zu mir bist.“

Aber Johnny war nicht in Diskutierlaune. Er drehte sich einfach um und fuhr los. Fertig. Aus.

Wenn ich zurückblicke, war das nicht das erste Mal, dass Johnny mir sein wahres Gesicht gezeigt hat. Es gab auch vorher Momente, in denen ich gedacht habe, da stimmt was nicht mit dem Typen. Aber ich hatte mich nie getraut etwas zu sagen. Ich wollte einfach, dass wir uns gut verstehen. Ich wollte meinen Hauptpreis behalten. Es war einfacher, vor einigen Dingen die Augen zu verschließen.

Aber vor dem 540er konnte ich nicht die Augen verschließen. Mir wurde auf einmal klar, dass ich fast so gut war wie Johnny. Vielleicht sogar genauso gut.

Ich fing an von den BMXMasters zu träumen. Und von Woodward in Amerika, dem ersten Preis – acht Wochen BMX pur. Hätte ich vielleicht auch eine Chance zu gewinnen?

Und so beschloss ich, mich zu bewerben. Ich ging auf die Masters-Website und dann traf mich der Schlag: In den Bewerbungsbedingungen las ich mit Entsetzen, dass ich gar nicht in Frage kam: „The Woodward BMX School cannot accept female **applicants**[1]. Girls will therefore *not* be able to participate in the U-16 Halfpipe competition at this year's BMXMasters. Sorry, ladies!"

Ich kann kaum beschreiben, wie ich mich fühlte, als ich diese Worte las. Der Boden unter meinen Füßen schien weich zu werden. Auf einmal stand die Welt auf dem Kopf. Ich fühlte mich klein und hilflos. Wie konnte das Leben nur so gemein sein, so ungerecht? Ich war stinksauer. Auf die BMXMasters. Auf die Menschen. Auf die ganze Welt. Aber ich war nie jemand gewesen, der sich kampflos geschlagen gibt.

Außer mir vor Wut rief ich sofort meine beste Freundin Anna an. Ich kenne Anna seit dem Kindergarten und obwohl sie es immer ein bisschen komisch fand, dass ich so einen Jungs-Sport wie BMX mache, war sie über die bekloppte Masters-Regel genauso entsetzt wie ich.

„Du musst was tun!", schrie sie.

„Ja, aber was? Es steht da, schwarz auf weiß: Mädchen sind nicht zugelassen. Was soll ich tun? Ein Junge werden?"

[1] applicant – Bewerber

Ich meinte das natürlich nicht ernst, aber als die Worte aus mir herausplatzten, wusste ich, dass es die einzige wirkliche Lösung war.

„Genau!“, meinte auch Anna. „Du musst ein Junge werden.“

Es lief mir kalt den Rücken hinunter.

Stundenlang kauten wir die Idee durch und diskutierten, ob ich mich wirklich als Junge durchsetzen könnte. Wir zermarterten uns das Hirn, aber irgendwie haben wir tatsächlich daran geglaubt. Schließlich hatte ich nichts zu verlieren – zumindest damals dachte ich so – und Anna war noch begeisterter als ich.

„Wenn du ’s hinkriegst, wird das der Hammer sein. Auch wenn du nicht gewinnst.“

Das Verbot war so unfair, dass uns das erst recht anfeuerte. Bis tief in die Nacht sprachen wir alles durch, vor allem was wir mit Johnny machen sollen. Wir beschlossen, ihn am nächsten Tag einzuweihen, denn ohne seinen Beistand würde der Plan schwer funktionieren.

Aber mit seiner Reaktion habe ich nicht im Traum gerechnet.

Take-off

"This was meant to be *my* summer ..." I say to Greg on the phone, "... the summer when everything went right for me ..."

"Yeah, yeah. I know," says Greg quietly. "You trained really hard for the Masters ..."

"The Masters is all I've thought about since **losing**[1] last year in London. You know, I was *totally* **focused**[2]. Nothing was going to stop me. But then one thing happened after another – it's been a real **roller coaster ride**[3] since I arrived here – and now I've had enough. The Masters is going to start tomorrow without me."

"I don't **get it**[4]. Why are you leaving?"

That's a good question. I have to think about it for a second. Then I find the answer: "It's all Shane's **fault**[5]."

Shane is my younger brother, and he's a real **troublemaker**[6]. He's got a big mouth, and he likes to use it.

[1] to lose – verlieren
[2] to focus – sich auf etwas konzentrieren
[3] roller coaster ride – Achterbahnfahrt
[4] to get sth – etwas verstehen
[5] fault – Schuld, Fehler
[6] troublemaker – Unruhestifter

"Shane's fault?" Greg didn't understand. "What do you mean?"

"If Shane hadn't started that **fight**[1] on the last day of **term**[2]**,** then I wouldn't have come to Germany two weeks before the Masters," I **remind**[3] Greg.

My little brother Shane had called some boy at school "**gay**"[4]. We go to a boys' school. There are 1,547 of us and **not one single**[5] girl. That's a lot of testosterone, I can tell you! And the worst thing that anyone can call you at our school is "gay".

So a fight started. When I saw it was Shane fighting, I pushed my way through the **crowd**[6] to stop the fight. As I grabbed Shane to **pull** him **away**[7], the other boy **accidentally**[8] hit me in the face with his elbow. That's how I got my **black eye**[9].

Anyway, I pushed the boy to the ground just as the teachers came along. So they thought I started the fight.

[1] fight – Schlägerei
[2] term – Semester
[3] to remind sb – jmdn. erinnern
[4] gay – schwul
[5] not one single … – kein einzige/r …
[6] crowd – Menschenmenge
[7] to pull away – wegreißen
[8] accidentally – versehentlich
[9] black eye – blaues Auge

My parents **grounded**[1] me for two weeks. Right before the BMXMasters! That meant: no training! So I called my mate Johnny in Germany and asked if I could come over **early**[2]. He said it was no problem. Then I **lied**[3] to my parents and said that the Masters was starting earlier.

"Yeah, I see what you mean," says Greg on the other end of the line. "It's all because of that fight with Shane."

"Right."

"But I still don't get it. What exactly happened over the last two weeks? Did you get mobbed by a gang of beer-drinking Germans in *lederhosen* or what?"

"No!" I laugh – for the first time in days. "It wasn't anything like that. It was much **worse**[4] …"

[1] to ground sb – jmdm. Stubenarrest erteilen
[2] early – vorzeitig, früher
[3] to lie – lügen
[4] worse – schlimmer

Krach

„Du willst *was*?"

„Du hast richtig gehört. Ich will mich als Junge bewerben."

Ich stand alleine mit Johnny auf der Halfpipe-Plattform in der BMX-Halle, unserer wunderschönen BMX-Halle, mit Spitzenrampen und der besten Halfpipe in der Gegend. Ein Paradies. Unten fuhren die anderen Jungs weiter.

„Sag mal, willst du mich verarschen, oder was?" Johnny starrte mich an, als ob ich ihm gerade erzählt hätte, dass ich im Kinderzirkus in der Mongolei auftreten wolle. „Wie soll das überhaupt gehen? Du bist doch ein Mädchen."

„Mit einem Fullface-Helm kann man sowieso niemanden erkennen", verteidigte ich meinen Plan. „Ich nehme ihn einfach während der ganzen Masters nicht ab."

„Na, super! Und was ist mit denen da?", fragte er und deutete auf meine Brüste. „Fett absaugen, oder was?"

„Hast du nie was von Sport-BHs gehört?" Ich wurde langsam wütend. Für was hielt er sich? „Außerdem sind sie gar nicht so groß."

Johnny ließ nicht nach. „Es gibt einen Grund, warum Mädels nicht zugelassen sind.

Ihr seid einfach nicht gut genug, um Halfpipe zu fahren."

Ich war sofort auf hundertachtzig. Johnny ließ richtig den Macho raushängen und ich hatte keine Lust mehr mitzumachen. Allerdings hatte er nicht Unrecht. Halfpipe war nicht gerade die Stärke der Frauen beim BMX. Die wenigen Mädels, die ich bei Wettbewerben gesehen hatte, fuhren immer *Flatland* oder *Street*, aber nie Halfpipe.

Aber jetzt sollte es eine Ausnahme geben: mich.

„Ich kann nicht einfach auf der Tribüne hocken. Ich bin immerhin fast so gut wie du!"

Ich sah, wie Johnnys Hände die Handgriffe seines Rades so fest umklammerten, dass seine Fingerknöchel weiß wurden. Er starrte mich an, als ob er mich erwürgen wollte.

„So gut bist du auch nicht", fuhr er mich an. „Und außerdem kauft dir das sowieso keiner ab."

Jetzt wollte ich *ihn* erwürgen. Aber was hätte es genutzt? Nichts.

„Das werden wir sehen", sagte ich ruhig.

„Das werden wir nicht sehen." Johnny blieb hartnäckig. Er wollte mich in den Boden stampfen. „Das ist gegen die Regeln. Das kannst du nicht machen. Ein Sportler, der gegen die Regeln verstößt, ist kein Sportler."

Das war unter der Gürtellinie. Er trampelte auf meiner Sportlerehre herum und seine Worte trafen mich wie ein Faustschlag in die Magengrube. Das tat weh. Ich wusste nicht, wie ich parieren sollte, aber bevor ich zum verbalen Gegenschlag ausholen konnte, platzte Nik dazwischen.

„Was geht denn hier ab?", schnaubte er. Nik war der Einzige in unserer Gruppe, den ich überhaupt nicht leiden konnte. Er ist ein Großmaul und laut rumzutönen gehört zu seinem Geschäft.

„Tine will ein Junge werden, um bei den Masters anzutreten", erklärte Johnny.

Nik brach in schallendes Gelächter aus. Johnny grinste nur spöttisch. Ich war entsetzt. Mein eigener Freund nimmt mich nicht ernst. Seine großen, dunklen Augen waren völlig kalt, sein Lachen schlecht gespielt. Sein glattes Gesicht war wie eine Maske. Ich wollte ihm sagen: „Mach das nicht, Johnny. Mutier nicht zum Arschloch!", aber ich bekam kein Wort raus.

In wenigen Sekunden stand die ganze BMX-Gruppe um uns herum. Die anderen Jungs wollten auch wissen, was los war.

„Dass ich nicht lache. Tine hat eine Identitätskrise“, grölte Nik und griff sich zwischen die Beine. „Sie denkt, dass sie Eier hat!“

Johnny überließ Nik die Show. Und der sprang natürlich sofort darauf an. Er vergöttert Johnny und würde alles für ihn tun. Er wollte Johnny schützen. Und zwar vor mir.

„Zwei Beine reichen Tine nicht! Sie will ein drittes!“ Er lachte schallend.

Zuerst waren die anderen Jungs irritiert. Sie wussten nicht, ob sie Niks Witz wirklich lustig fanden. Eigentlich konnten sie mich alle gut leiden. Ich war was Besonderes, ein Unikat in der Szene, und bisher hatte ich mich fast immer wohl gefühlt bei ihnen. Das war nun schlagartig vorbei.

„Das gibt dem Begriff ‚Emanzipation' eine ganz neue Bedeutung! Schluss mit dem schwachen Geschlecht, raus mit den Steroiden. Christine Schwarzenegger kommt!", feixte er weiter.

Die Jungs lachten nervös und schauten verstohlen zu Johnny rüber, ihrem BMX-Gott. Als sie seine Zustimmung bemerkten, lachten sie erleichtert auf. Sie fanden Niks Witze auf einmal zum Brüllen komisch.

In dem Augenblick wurde mir klar, wie wichtig es für die Jungs war, dass Johnny die Masters gewinnt. Als ob ihr Glück von seinem Erfolg abhing. Aber *mein* Glück hing definitiv nicht davon ab. Damals nicht und auch nicht heute.

„Was ist los mit euch?", zischte ich endlich in die Runde. Ich war total platt. Ich erkannte sie alle auf einmal nicht wieder. „Seid ihr völlig verstrahlt?"

„Nein!", gluckste Nik und klopfte mir viel zu fest auf die Schulter. „Ist nur lustig, dass du *einer* von uns sein willst!"

Wenn jemand dich fertig machen will, schau

ihm fest in die Augen. Das ist die beste Waffe. Das habe ich von meinem Vater gelernt. Ich schaute den Jungs in die Augen, einem nach dem anderen. Die, die meinem Blick standhielten, sahen durch mich hindurch. Die anderen blickten unsicher zur Seite. Sie waren alle Feiglinge.

„Ich will gar nicht wie ihr sein“, stieß ich verärgert hervor. Ich musste mich beherrschen, um nicht auf sie alle loszustürzen – was völlig zwecklos gewesen wäre.

„Ist doch nur Spaß“, meinte Nik. Aber das war kein Spaß, das war einfach gemein. Und der Gemeinste von allen stand mir gegenüber und ließ es einfach so geschehen. Johnny.

Ich wollte zurückschlagen, aber ich wusste nicht wie. Dann fiel mir die Halskette ein, die Johnny mir ganz am Anfang unserer Beziehung geschenkt hatte. Eine hübsche silberne Halskette mit einem kleinen metallischen BMX-Rad dran. Ich trug sie immer bei mir, weil ich dachte, sie bringt mir Glück. Offensichtlich nicht.

Ich war so wütend, dass ich mir die Kette vom Hals riss und sie Johnny vor die Füße warf. Für einen kurzen Augenblick schwieg die Runde.

„Ihr seid alle Arschlöcher“, knurrte ich in

die Stille und spürte neue Kraft in mir. Johnny löste seinen Blick langsam von der Halskette und schaute mir ins Gesicht. Ich wusste, dass sich jetzt alles entscheiden würde.

„Christine“, sagte er leise und sein Flüstern ging durch die Halle wie ein kalter Luftzug. „BMX ist ein Männersport. Kapier das doch endlich.“

Es war entschieden. Es war vorbei. Ich war raus.

Meine Augen brannten plötzlich vor Tränen, aber ich kämpfte dagegen an und ließ sie nicht fließen. Dieses Vergnügen gönnte ich Johnny und den Jungs nicht.

Ich sagte nichts mehr. Ich musste weg. Die Tränen ließen sich kaum noch zurückhalten. Ich drehte mein Bike zur Rampe und trieb mein Vorderrad voller Schwung in die Vertikale – immer ein geiles Gefühl, denn danach kommt etwas, das noch besser ist: der Absprung, der Flug, die unendliche Freiheit.

Mit all meiner Kraft trat ich in die Pedale und brauste auf der anderen Seite der Halfpipe in die Luft. Als ich mich und das Rad in dem flüchtigen Moment der Schwerelosigkeit drehte, ließ ich die Handgriffe los und machte einen *No-Handed Air*. Dabei ist es mir sogar gelungen, den Jungs auf der anderen Seite der Halfpipe mit beiden Händen den Stinkefinger zu zeigen.

Als ich wieder landete und Richtung Ausgang fuhr, sah ich aus dem Augenwinkel, wie Johnny die hingeworfene Halskette aufhob und hinter mir herrief: „Und mein Rad kannst du behalten!"

Das ist gut, dachte ich, für die Masters werde ich es brauchen.

Touchdown

"Is it something to do with Johnny?" asks Greg on the phone. "Did you have an **argument**[1] with him?"

Johnny Pongratz. Just the sound of that name makes me feel sick now.

"Yeah, well ... Things were really difficult with Johnny **from the** very **start**[2]," I admit to Greg. "He **was in a** really **bad mood**[3] when he **picked** me **up**[4] at the airport."

[1] argument – Streit
[2] from the start – von Anfang an
[3] to be in a bad mood – schlecht gelaunt sein
[4] to pick up – abholen

"Why?"

"He didn't want to say at first. But I found out later what the problem was ..."

I met Johnny Pongratz last year at the BMX World Championships in London. We **got on**[1] really well there, and he said I could stay with him when I came to Cologne for the Masters.

"We took the train back to his home in Balkhausen," I continue. "It's a small town about ten miles outside of Cologne. As we cycled from the station towards his house, we met two girls –"

"Let me **guess**[2]: Heidi Klum and Claudia Schiffer, right?" says Greg with a **chuckle**[3].

I laugh again. It's good talking to Greg. Suddenly I'm not feeling as bad as I was an hour ago.

"Not exactly! They both had brown hair and neither of them was two metres tall. They were called Mona and Leona, but I have to say, they were both pretty **good-looking**[4]."

"Quality products made in Germany?"

"Yeah, with an **engine**[5] from Japan and

[1] to get on – sich verstehen
[2] to guess – raten
[3] chuckle – leises Lachen, Kichern
[4] good-looking – gut aussehend
[5] engine – Motor

bodywork[1] from Malaysia! Anyway, they both went to Johnny's school. They were talking in German – which, as you know, all sounds like Mongolian to me – but there was one word Leona kept saying: ‚Freundin'."

"Girlfriend, right?"

"Exactly. You remembered." Before I left for Germany, Greg and I had looked up a few important words in the dictionary. *Girlfriend* was the first one. Then *condom* – which was the same word in German, just with a *k* (though it was **unlikely**[2] I was going to need one – **after all**[3], I'd never even had a girlfriend in Ireland). *Party* was 'Party', *bike* was 'Fahrrad' and *train* was 'Zug'. I thought that was all the words I would need for my visit to Germany. **It's a shame**[4] I didn't look up the word for *help*.

"So Johnny has a girlfriend?" Greg asks.

"No, that was the point. Leona kept asking him about his 'Freundin', and he got really angry. He just **rode off**[5] without saying goodbye."

"I don't get it. What made him so angry about Leona's question?"

[1] bodywork – Karosserie
[2] unlikely – unwahrscheinlich
[3] after all – schließlich
[4] it's a shame – schade
[5] to ride off – wegradeln

"Well, as I found out later from his friend, Nik, Johnny had just **split up**[1] with his girlfriend a few days before. That's why he was in such a bad mood."

"But it sounds like Leona was interested in him."

"All the girls **fancied**[2] him, Greg. He could have had any of them."

"**Lucky devil**[3]."

"That's what I thought. But he didn't want just anyone. He just wanted his ex-girlfriend back …"

Metamorphose

Nach der Trennung von Johnny war ich wütend wie nie zuvor und umso entschlossener meinen Plan durchzuziehen. Jetzt erst recht! Ich konnte nur noch an eines denken: Johnny bei den Masters zu besiegen, ihm den ersten Preis vor der Nase wegzuschnappen, selber nach Amerika zu fah-

[1] to split up – sich trennen
[2] to fancy sb – auf jmdn. stehen
[3] lucky devil – Glückspilz

ren und Johnny und seine blöde Clique hinter mir zu lassen. Vielleicht würde ich ihm eine Postkarte aus Woodward schicken …

Anna und mein Bruder Benno standen mir sofort zur Seite. Mein Bruder ist ein Jahr älter als ich. Er steht auf Zahlen, Winkel und Quadratwurzeln, so wie die meisten Menschen auf HipHop und R&B stehen. Pythagoras ist für ihn, was Brad Pitt für die Hälfte der Mädels aus meiner Klasse ist: einfach perfekt.

Er war der Meinung, dass man fast alles beim BMX haargenau mathematisch berechnen kann. Er wollte mich unbedingt beim Training beraten. Na ja, wer nicht wagt, der nicht gewinnt, und ohne die Rakete zu starten, wäre bis heute niemand auf dem Mond gelandet.

Außerdem fand Benno, dass ich mich nicht nur auf den Fullface-Helm als Verkleidung verlassen konnte. Irgendwann würde ich den Helm ausziehen müssen – spätestens bei der Preisverleihung. Also beschlossen wir, mich soweit es ging zum Jungen zu verwandeln. Schluss mit engen Jeans und Tanktops. Baggys und übergroße Sweatshirts waren angesagt. Und mein langes, braunes Haar musste auch ab. Dafür war Anna zuständig.

„*Tu* es einfach!“

„Ich kann das nicht!“

„Natürlich kannst du’s! Du schaffst das schon!“

„Niemals!“

„Es sind nur Haare!“

„Nein, es ist ein Teil von dir!“

Anna brachte es nicht übers Herz. Solange ich Anna kenne – und das ist quasi schon immer –, hatte ich langes Haar. Das war mein Markenzeichen, als Kind bis zur Taille, jetzt nur über die Schultern. Lang, braun, beneidenswert.

Als ich Anna Bennos Haarschneider in die Hand drückte, fing sie an zu zittern, als ob ich ihr gerade eine Kalaschnikow gegeben hätte und von ihr verlangen würde, Johnny persönlich damit umzulegen. Sie hatte sogar richtig Schweißperlen auf der Stirn. Am Ende musste Benno die Aufgabe übernehmen und Anna schaute zu, wie ich von Christine Albrecht zu Marilyn Manson und schließlich zu Robbie Williams mutierte.

„Du siehst irgendwie ganz süß aus“, meinte Anna, als Benno fertig war. „Ich stehe auf Typen wie dich!“

Ich kann mich genau daran erinnern, wie ich mir danach zum ersten Mal mit den Fingern durch die Haare ging. Ein irres Gefühl. Mein Haar fühlte sich an wie ein Teppich. Aber noch erstaunlicher war der Blick in den Spiegel. Ich traute meinen Augen kaum. Ich war ein neuer Mensch geworden. Auf einmal hatte ich richtig dicke Backen, wie eine Wüstenspringmaus. Und meine Ohren standen ab wie die von Prince Charles. Die Narbe am Kopf, damals von meinem Trampolinunfall, erinnerte deutlich an meinen ersten Sportvereinsbesuch. Ich blickte einen Fremden an. Nur dieser Mensch konnte das erreichen, was Christine Albrecht aus dem kleinen Kaff Balkhausen nie hätte erreichen können.

Meine Mutter ist völlig ausgeflippt.

„Um Himmels willen, Christine! Was hast du bloß getan?! Du siehst aus wie ein Junge!"

Volltreffer! Sonst noch was?

Meine Mutter spielt halt gern die schicke Dame. Sie arbeitet in einem Modeladen, ist immer top gestylt und trägt am liebsten teure Klamotten. Aber das heißt längst nicht, dass ich auch immer die Tussi spielen muss.

„Hast du noch nie was von Unisex gehört?", fuhr ich meine Mutter an und warf ihr meinen jahrelang geübten Killerblick zu.

Benno und ich hatten uns entschieden,

meine Eltern nicht einzuweihen. Wir wollten den Weg des geringsten Widerstands gehen und wussten längst: Schweigen ist Gold.

Trotzdem blieb es meiner Mutter ein Rätsel. Sie gab sich Mühe, meine „neue Phase“ zu ignorieren, aber immer wieder erwischte ich sie, wie sie mich mit einem traurigen Blick musterte und einen enttäuschten Seufzer ausstieß.

Papa war auch etwas perplex. Er ist Bauleiter und hat mit Mode nichts am Hut. Trotzdem merkte er, dass etwas an mir anders war.

„Komische Klamotten hast du an“, stellte er fest. „Ich glaube, die kenne ich ...“

„Das ist *in*, Papa!“, versuchte ich ihm zu erklären. „Die Tage der Schlaghosen und geblümten Hemden mit zwei Meter breitem Kragen sind vorbei.“

Auf den alten Bildern aus den Siebzigern sahen meine Eltern aus wie Austin Powers.

„Ach so, echt? Das wusste ich nicht“, kam die Antwort von meinem Vater. „Warum hast du mir nicht vorher Bescheid gesagt?“

So ist er, mein Papa. Er ist ganz lieb, aber er checkt nur zwei Sachen auf der Welt: seine Baustelle und meine Mutter.

Aber meine äußerliche Verwandlung war nur der erste Schritt auf dem Weg zu den Masters. Ich hatte vier Wochen Zeit, um zu lernen, wie ich mich als Junge benehmen sollte. Und das war gar nicht so leicht. Bereits am ersten Tag freute ich mich wieder aufs Mädchensein.

„Du musst mit deiner Stimme echt aufpassen“, beriet mich Benno, der sich vorgenommen hatte mir das Geheimnis seines Geschlechts beizubringen.

Meiner Meinung nach gab es eine Menge vierzehnjähriger Jungs, die noch nicht im Stimmbruch waren. Ich kannte eine Hand voll aus meiner Klasse. Doch Benno erklärte mir den Unterschied: „Sie reden trotzdem anders. Die Stimme geht am Schluss eines Satzes nach unten. Deine Stimme geht eher nach oben.“

Und das war nur der Anfang. Es ist ein hartes Stück Arbeit, ein Junge zu sein, das weiß ich jetzt. Mein Mitleid gehört ihnen. Die Liste der Merkmale, die man als Junge beachten muss, war endlos: „Du läufst wie ein Mädchen. Jungs gehen nicht so“, erklärte mir Benno. „Du musst mehr mit den Schultern schwingen, nicht mit dem Po, die Beine ein bisschen auseinander, mehr in die Knie gehen. Und leicht gebeugt stehen, das sieht lässig aus. Am besten steckst du die Hände dabei in deine Hosentaschen. Beim Sitzen solltest du nie die Beine überkreuzen.

Schön die Knie auseinander, je breiter, desto besser. Und auf keinen Fall gerade sitzen, am besten richtig tief im Stuhl hängen, als ob du gleich abrutschen würdest. Die Fingernägel sind zu gepflegt. Kau dran, mindestens zweimal täglich. Wenn du dich unmännlich fühlst, schnaub einfach den Rotz aus der Nase und spuck ihn raus. So richtig laut. Und zur Sicherheit stecken wir dir ein Paar Socken in die Hosen."

„Da guckt doch keiner hin!", kreischte Anna.

„Bin ich der Junge hier oder du? Natürlich gucken die hin!" Benno rollte mit den Augen.

„Jetzt lass mich überlegen, hab ich etwas vergessen?" Benno schloss die Augen und dachte nach. Dann sprang er plötzlich auf und schrie: „Natürlich! Ab und zu musst du dich auch an den Eiern kratzen!"

Bah, wie ekelig! So sind sie, die Männer!

Ich wusste damals wirklich nicht, ob ich das alles hinkriegen würde. Ja, ich hatte schon Schiss. Ich dachte, ich lehne mich hier deutlich zu weit aus dem Fenster. Aber manchmal ist das Leben wie BMX-Fahren. Wenn du oben auf der Halfpipe-Plattform zu lange zögerst, dann kriegst du Angst. Je länger du wartest, desto schwieriger wird es loszufahren. Du musst einfach starten ohne nachzudenken.

CHRISTINE
CHRIS~~TINE~~

Zwei Tage später holte Benno die Post aus dem Briefkasten. Einen Brief adressiert an „Herrn Chris Albrecht“. Das war ich.

„Mach auf, Brüderchen!“, drängte Benno aufgeregt.

Ich riss den Umschlag auf, faltete den Brief auseinander und las vor.

„Lieber Chris,
es ist uns eine große Freude, dir mitzuteilen, dass du bei den BMXMasters für die Kategorie Halfpipe angenommen wurdest. Deine Startnummer ist 16. Wir freuen uns, dich am 11. August im Jugendpark begrüßen zu dürfen …“

Ich schrie vor Freude, umarmte meinen Bruder und tanzte mit ihm durch den Hausflur.

Jetzt gab es kein Zurück mehr.

Downhill

“So did you see Claudia and Heidi – I mean, Mona and Leona – again?” asks Greg.

“Yeah, I did. On the first evening Johnny put

on a party just for me. We **had a barbecue**[1] in his garden. Johnny has got a lot of friends. And the girls, Greg! **Unbelievable**[2]!"

"Did Leona manage to **pull**[3] him?"

"No, he wasn't interested in girls. He said to me, 'I have to focus my energy on the Masters', but I wouldn't have said no to a German kiss."

"**As opposed to**[4] a **French kiss**[5] …"

"Exactly."

"So if Johnny didn't want Leona, why didn't you take her?"

"I didn't need to: Mona gave me her telephone number and asked me to call her."

"Cool. And you said, 'No, I have to focus my energy on the Masters. I don't have time for brown-haired Heidi Klums'?"

"I said I would call her."

"Everything sounds great to me. German sausages, German **babes**[6], what more could you want?"

"The next day Johnny and I had an argument."

[1] to have a barbecue – grillen
[2] unbelievable – unglaublich
[3] to pull sb – jmdn. aufreißen
[4] as opposed to sth – im Gegensatz zu
[5] French kiss – Zungenkuss
[6] babe – ugs. Mädchen

"About Mona, right? He fancied her?"

"No, not about girls. About training. We went to his BMX hall. It was pretty **impressive**[1]. Lots of ramps and a really big halfpipe. I made the **mistake**[2] of showing him a new trick – a *rocket fakie* – that I'd been **practicing**[3]. Johnny looked like he'd seen a **ghost**[4]."

"He was **jealous**[5]?" Greg has always had a very good understanding of what goes on inside people's heads.

"**I guess so**[6]. He didn't actually say that. All he said was: 'I don't think it's a good idea if we train together.'"

"What?!" shouts Greg on the other end of the line. "You come all the way from Dublin to Cologne, and Johnny doesn't want to train with you?! The **guy**[7] must have been eating too much English **beef**[8]!"

"He said it wasn't good for us to train together. 'In two weeks we're going to be **opponents**[9],' he said."

[1] impressive – beeindruckend
[2] mistake – Fehler
[3] to practice – üben
[4] ghost – Geist
[5] jealous – neidisch
[6] I guess so – ich glaub schon
[7] guy – Typ
[8] beef – Rindfleisch
[9] opponent – Gegner

"So what?"

"He said it wasn't good for me to train with someone I wanted to **beat**[1]. It was bad for my **competitiveness**[2]."

"You can't be serious? Who does he think he is – your personal **shrink**[3]?"

"That's exactly what I said. He wasn't interested in *my* level of competitiveness. He was **worried**[4] about *his* competitiveness."

Usually the BMX scene is the coolest scene I know. People really **support**[5] each other a lot. They're helpful, friendly, **encouraging**[6]. It's the only sport I know where opponents actually **applaud**[7] each other when they perform well. I mean, can you imagine Oliver Kahn applauding Ronaldo after scoring a goal against Germany? "Nice one, Ronny, great **bicycle kick**[8]! Can you do it again?" I don't think so.

"When it comes to BMX, Johnny is a different person," I remind Greg. "Remember last year in London? We got on really well until the

[1] to beat – schlagen, im Wettkampf besiegen
[2] competitiveness – Konkurrenzdenken
[3] shrink – Therapeut
[4] to be worried – sich Sorgen machen
[5] to support – unterstützen
[6] encouraging – ermutigend
[7] to applaud – applaudieren
[8] bicycle kick – Fallrückzieher

finals. Then Johnny stopped talking to me **all of a sudden**[1]. He completely ignored me, like I wasn't even there. Winning means everything to him."

"Sounds like he's just scared of losing."

"Right."

"And then what happened?"

"I tried **to talk sense into**[2] him, but he didn't want to listen. It was like talking to a **lamppost**[3]. I was really angry, but I tried to stay cool. I just kept thinking: 'If I have a **bust-up**[4] with Johnny, where am I going to stay?"

"So where did you train?"

"He said I should train in the hall in the mornings, and he would train in the afternoons."

"That's crazy!"

"I know. So **instead of**[5] training all day, I just had half a day."

"And what did you do in the afternoons?" asks Greg.

"That's what I wanted to tell you next …"

[1] all of a sudden – plötzlich
[2] to talk sense into sb – jmdn. überzeugen
[3] lamppost – Laternenpfahl
[4] bust-up – Streit, Krach
[5] instead of – statt

Anlauf

Meine Vorbereitungen für die BMXMasters waren mit meiner Verwandlung zum Jungen längst nicht abgeschlossen. Ich hatte zum Beispiel keinen Trainingsort, denn ich konnte ja nicht in der Halle mit Johnny und den Jungs trainieren. Und die uralte Skater-Quarterpipe, die unter einem Berg Dornengestrüpp begraben lag, kam auch nicht in Frage. Es blieb uns nichts übrig, als eine Halfpipe aus dem Nichts zu zaubern. Dank meines Vaters war das auch möglich.

Benno entwarf eine Skizze und nach ein bisschen Überredungskunst schraubten acht stämmige Mitarbeiter meines Vaters ein gewölbtes Gerüst auf seiner Baustelle zusammen. Es ging ziemlich schnell. Praktisch war, dass die Halfpipe am Rohbaugerüst des Hauses befestigt wurde, sodass ich aus dem ersten Stock direkt in die Halfpipe reinfahren konnte.

Der Ort war perfekt. Die Baustelle war ziemlich abgelegen. Hier würden Johnny und seine Groupies uns nie entdecken.

Eigentlich lief alles gut. Mir war klar, dass ich bis zu den Masters auf mein normales Leben verzichten musste. Keine Freunde – außer

Anna –, keine Partys, keine Disko, nicht mal einkaufen oder Brötchen holen durfte ich. Ich sollte praktisch wie eine Nonne leben. Und das in den Sommerferien! Aber egal! Sicherheitshalber ging ich nicht auf die Straße ohne mein Rad und den Fullface-Helm. Und wenn ich fahren musste, dann nur über die Seitenstraßen.

In einem Kaff wie unserem verbreiten sich Neuigkeiten wie ein Lauffeuer. Es war klar: Wenn Johnny irgendwann von irgendjemandem erfahren sollte, dass „Tine wie ein Junge aussieht“, hätten die Alarmglocken bei ihm geläutet. Ich traute es ihm durchaus zu, mich bei den Masters-Organisatoren zu verpfeifen. Ich musste echt aufpassen.

Aber dann hatte ich Stress mit Benno. Ich trainierte jeden Tag von zehn Uhr morgens bis sechs Uhr abends mit ihm. Er hat jeden einzelnen Trick mit Onkel Pythagoras genauestens berechnet und legte die Latte ziemlich hoch: Er war fest davon überzeugt, dass sogar ein 900er im Bereich des Möglichen lag.

„Die Rampe hat einen Radius von drei Komma fünf Metern und am Schluss eine Steigung von neunzig Prozent“, erklärte er. „Du musst eine Geschwindigkeit von dreißig km/h erreichen und eine Lufthöhe von drei Metern, um dich 900 Grad drehen zu können. Ganz simpel!“

Aber so ganz simpel war es dann doch nicht. Es war verdammt schwer. Kein Mädchen in der Geschichte des BMX-Sports hat jemals einen 900er geschafft und es sah nicht so aus, als ob ich das erste sein würde.

Benno war kein Lehrer, er war ein Sklaventreiber, seine Peitsche war sein Taschenrechner und sein pädagogisches Geschick entsprach in etwa dem eines Spiegeleis. Irgendwann hatte ich die Nase voll von seinen Berechnungen und verlor die Geduld.

„Und wie misst du Mumm?!“, fauchte ich Benno an.

Es war vielleicht nicht fair von mir, aber wenn du zwölf Stunden versuchst irgendeinen Trick hinzukriegen und das Einzige, was dein Bruder dir sagen kann, ist: „Eigentlich muss es klappen“, kann dir schon mal die Hutschnur reißen. Ich würde mal so sagen, wir sind danach nicht in der besten Stimmung nach Hause gefahren – auf getrennten Wegen.

Trotzdem wollte ich mich mit ihm später am

Abend versöhnen, aber er war nicht zu Hause. Er hatte einen Ferienjob im Tante-Emma-Laden bei uns im Ort. Der Laden war an der nächsten Ecke und ich dachte, ich schaue kurz vorbei. Ich zog mir eine Baseballkappe an und ging in meinem Trainingsanzug auf die Straße.

Als ich den Laden betrat und die Türglocke klingelte, sah ich, wie Benno hinter der Theke vor lauter Schreck erstarrte. Ich entdeckte niemanden sonst im Geschäft und ging ganz normal auf ihn zu. Als er verzweifelt zum anderen Gang schaute – den ich wegen des Regals in der Mitte selber nicht sehen konnte –, verlangsamte ich meinen Schritt. Dort hörte ich plötzlich Stimmen.

Ich hielt inne. Benno raste hinter der Ladentheke hervor und verschwand hinter dem Regal.

„Hey, Mona, hey, Leona, habt ihr die Zeitschrift hier schon gesehen?“, sagte er überlaut. „Da ist ein super Artikel über Pediküre drin.“

An der Decke im Laden gab es einen Konvexspiegel, der Überblick über das ganze Geschäft bot. Darin konnte ich sehen, wie mein Bruder auf der anderen Seite des Regals Mona und Leona die neueste *Für dich* zeigte. Die beiden Mädels sahen etwas irritiert aus. Ich glaube, Benno hatte in seinem Leben noch nie ein Wort mit ihnen gewechselt, obwohl wir alle zur selben Schule gingen. Sie waren völlig baff.

„Und in *Boyz 4 Boyz* gibt es eine faszinierende Umfrage über die Vorlieben von Jungs“, fügte er hinzu und nahm eine zweite Zeitschrift aus dem Regal. „Blondinen oder Brünette?“

Plötzlich klingelte die Türglocke hinter mir. Ich schaute noch mal hoch zum Konvexspiegel und jetzt erstarrte *ich*. Es war Johnny! Er betrat den Laden mit einem anderen Jungen, den ich gar nicht kannte. Er war ungefähr so alt wie er. Er trug eine orange-weiß-grün gestreifte Baseballkappe mit einer Art Blume drauf und *Carhartt*-Hosen. Unter der Kappe hatte er schwarzes Wuschelhaar und ein fettes blaues Auge.

Ich blieb stocksteif vor dem Regal stehen und wusste nicht, was ich machen sollte. Noch hatten sie mich nicht entdeckt.

Dann schrie Benno plötzlich: „Halt! Ein Dieb!“, in voller Lautstärke. Es dauerte nur den Bruchteil einer Sekunde, bis ich sein Stichwort kapierte.

Ich schnappte, was direkt vor meiner Nase stand – es war eine große Packung Klopapier –, drehte mich um und raste Richtung Tür. Wie ein American Footballer lief ich mit gebeugtem Kopf zwischen Johnny und seinem Kumpel durch und stieß meinen blöden Ex volle Pulle um.

„Hey, pass auf, Mann! Was machst du da?“, stöhnte der, als er zu Boden fiel.

Ich lief aus dem Laden und rannte die Straße runter. Wie ein geölter Blitz nahm der Kumpel von Johnny die Verfolgung auf. Ich schaute über meine Schulter und sah, wie er mir mit aller Kraft hinterherlief.

Ich legte einen Zahn zu, aber als ich um die Ecke bog, merkte ich, dass der Typ mich allmählich einholte. Ich konnte so schnell Rad fahren wie ein Junge, aber laufen offensichtlich nicht. Ich musste mir etwas einfallen lassen, um ihn abzuschütteln.

Ich bog rechts ab und rannte in die Einfahrt der alten Frau Dünnmann, die Gartenzwergsammlerin und Pudelliebhaberin des Ortes. Der Typ war nur einige Meter hinter mir und ich hatte nicht viel Zeit. Ich kannte mich bei Frau Dünnmann aus, weil ich ab und zu mal mit ihrem Pudel Falko Gassi ging. Ich wusste, was mich retten konnte.

Ich stürzte durch die Seitentür in die Garage, drückte den Elektrotüröffner, sprang auf ihr fettes Dreirad und trat in die Pedale. Das Dreirad benutzte sie zum Einkaufen, es war irre schwer und ich musste mein ganzes Körpergewicht einsetzen, um die ersten Pedaldrehungen zu schaffen.

Als ich mit der Geschwindigkeit einer besoffenen Schnecke aus der Garage kroch, schaffte es der Typ, der mir durch die Garagenseitentür gefolgt war, den hinteren Teil des Rades zu packen und mich zu bremsen. Aber ich trat weiter in die Pedale und für einen kurzen Moment

war es wie ein ausgeglichenes Tauziehen: Stillstand.

Aber dann stolperte er über einen Gartenzwerg aus Schlumpfhausen und krachte mit einem Schrei zu Boden. Der kleine blaue Anglerzwerg hatte ihn am Haken und zu Fall gebracht.

Als ich mit Frau Dünnmanns Dreirad zu Hause ankam, war ich völlig nass geschwitzt und am Ende. Johnny hatte mich fast auf frischer Tat ertappt und nur ein Gartenzwerg hatte mich aus den Klauen seines Kumpels gerettet. Und das Doofste von allem war, dass es alles meine eigene Schuld war. Am nächsten Tag brachte Benno das Dreirad für mich zurück zu Frau Dünnmann und ich versprach, mich ab jetzt brav an die Regeln zu halten. Ab ins Kloster!

Lost

"I went to the hall the next day at nine o'clock in the morning."

"**Ouch**[1]! That's early!" says Greg.

[1] ouch! – aua!

Greg knows I like to **sleep late**[1]. I mean, that's the whole point of having school holidays, right? There's nothing I like more than sleeping until eleven o'clock in the morning.

"The place was **empty**[2]," I tell Greg. "There wasn't a single person in the **whole**[3] hall."

"That's no **surprise**[4]. BMX riders aren't exactly famous for being **early risers**[5]."

"I didn't have a **choice**[6]. I had four hours to train, and I gave it my best. But it didn't feel good training in the hall **all on my own**[7]."

Greg doesn't ride BMX, but he knows all about it from me. BMX is not a sport you do alone. You need people around you to **fire** you **on**[8]. You need someone who can see what you're doing and who can say what you're doing wrong or right. It's good to be around other riders to **share**[9] new ideas. And, above all, you need someone to **pick** you **up**[10] when you're down.

[1] to sleep late – lange schlafen
[2] empty – leer
[3] whole – ganz, gesamt
[4] surprise – Überraschung
[5] early riser – Frühaufsteher
[6] choice – Wahl
[7] all on my own – ganz allein
[8] to fire sb on – jmdn. anfeuern, anspornen
[9] to share – teilen
[10] to pick sb up – jmdn. aufbauen

“It was really **strange**[1] – being all alone in that **huge**[2] BMX hall made me **feel homesick**[3].”

Greg starts to sing *Molly Malone* on the other end of the line: “*In Dublin’s fair city, where the girls are so pretty, I first set my eyes on sweet Molly Malone …*” That song makes any Irishman feel homesick.

5:23 – 5:22 – 5:21 – 5:20 …

“Greg, **drop it**[4], will you? Anyway, around midday a few riders turned up, and Johnny came **shortly afterwards**[5].”

Greg makes a sound like a **bell**[6] ringing. “Ding-a-ling! Time to **change shifts**[7].”

“On my way back to Johnny’s house I **took a wrong turn**[8]. All the streets look the same in Balkhausen. After about half an hour I was completely lost. I had no idea where I was. I even seemed to have reached the **edge of town**[9]. From where I was standing, I looked out

[1] strange – merkwürdig
[2] huge – riesig
[3] to feel homesick – Heimweh haben
[4] drop it! – lass es!
[5] shortly afterwards – kurz danach
[6] bell – Glocke
[7] to change shifts – die Schicht wechseln
[8] to take a wrong turn – falsch abbiegen
[9] edge of town – Stadtrand

onto open **fields**[1] for miles around. It was beautiful. But it felt like I was a long way away from Johnny's house."

"Yeah, so what?" asks Greg **inquisitively**[2].

"Well, you see, in the middle of one of the fields there was a house **under construction**[3]. It was no more than a **skeleton**[4], with no windows or doors. It had **scaffolding**[5] all around it. I could only see the front of the house which looked out over the road. – But behind the house something suddenly flew into the sky. At first I didn't know what it was. It came again about twenty seconds later. Then I saw that it was a person on a bike, a BMX bike, and he was flying high over the building. I just thought, 'He must be riding a really big ramp around there'. And I didn't wait too long to find out."

"So you went and took a look?"

"Of course, I did. It must have been lunch break because no one was on the **building site**[6] **except**[7] the guy on the halfpipe. He was doing

[1] field – Feld
[2] inquisitively – neugierig
[3] under construction – im Bau
[4] skeleton – Skelett
[5] scaffolding – Baugerüste
[6] building site – Baustelle
[7] except – außer

one trick after another and, I can tell you, he was good."

"So who was he?"

"I didn't ask him at first."

"What do you mean, you didn't ask him?!"

"Well, you see, the ramp was **attached**[1] to the scaffolding, and I just **carried**[2] my bike up the stairs to the first floor. I wanted to surprise the guy riding there. I just rode onto the ramp right next to him. All of a sudden, I wasn't feeling homesick anymore …"

Zusammenstoß

Wenn du BMX fährst, hörst du nur das Schlagen des eigenen Herzens und wie dein Rad auf die Rampe knallt. Du siehst nur, was direkt vor deinen Augen liegt. Alles andere ist weg.

Deswegen habe ich ihn zuerst nicht bemerkt. Ich war alleine auf der Halfpipe und trainierte hart, ohne Benno und ohne die Aufmerksamkeit der halben Baustelle. Doch plötz-

[1] attached – befestigt
[2] to carry – tragen

lich, mitten in einem Sprung, bemerkte ich eine Gestalt neben mir in der Luft. Es war ein Junge. Er schaute mich an. Seine Augen lächelten.

Der Typ war quasi vom Himmel gefallen.

Ich bekam einen Mordsschreck. Was geht hier ab?! Wer zum Teufel ist das? Ich war voll in Fahrt und musste mich richtig konzentrieren, um nicht zu stürzen. Ich hielt auf der gegenüberliegenden Plattform sofort an. Der Fremde folgte mir.

„What a great ramp!“, sagte er begeistert. Er zog seinen Helm aus und reichte mir außer Atem die Hand. „Hi, my name's Vincent!“

Ich war völlig verdattert. Ich erkannte den Jungen sofort: Es war der Typ mit dem blauen Auge, der mir nach der Flucht aus dem Laden gefolgt war. Aber zum Glück erkannte er mich nicht.

Er war ungefähr so alt wie ich und fuhr ein weiß lackiertes Rad mit roten Reifen. Er hatte knallblaue Augen und pechschwarzes Wuschelhaar, dazu eine milchblasse Haut mit ein paar Sommersprossen auf seiner Nase. Nicht schlecht, der Typ – abgesehen von dem Veilchen natürlich, das an den Rändern langsam grün wurde.

Er strahlte von einem Ohr zum anderen,

aber ich ließ seine Hand unbeachtet in der Luft schweben. Es war eine unmögliche Situation. Der Typ war ein Unbefugter in meinem geheimen Trainingslager. Er war eine gefährliche Verbindung zur Außenwelt.

„Wer bist du überhaupt?“, fragte ich auf Deutsch.

Seine Begeisterung verschwand sofort und er sah mich mit großen, traurigen Dackelaugen an. „Don’t you speak English?“, murmelte er verzweifelt.

Jetzt erst begriff ich, dass es sich hier nicht um irgendeinen Angeber-Typen handelte, der es cool fand, Englisch zu sprechen, sondern tatsächlich um einen Ausländer. Verflucht, jetzt musste ich tief in das schwarze Loch meiner Englischkenntnisse greifen und hoffen, dass ich mehr als zwei Worte zusammenbrachte.

„Who are you?“

Na ja, das hat doch fürs Erste gut geklappt.

Der Junge lächelte wieder und war sichtlich erleichtert. „I’m Vincent Jones. From Dublin.“

Aha. Deshalb der komische Dialekt.

„How did you come here?“

„You mean, to Germany?“, fragte er irritiert.

„I mean here … to this … this …“ Wie sagt man *Baustelle*? „This building place.“

„This building site? I was riding through town, and I got lost. I have absolutely no idea where I am.“

Klar. Nur so konnte man diese Baustelle entdecken: völlig ahnungslos drauf stoßen. Ein blindes Huhn findet auch mal ein Korn. Es war einfach Pech. Oder Glück? Ich meine, er sah wirklich verdammt gut aus …

Aber es konnte nicht alles Zufall sein.

„Why are you here in Germany?“, fragte ich misstrauisch. Ich ahnte schon die Antwort.

Er klopfte augenzwinkernd auf sein Rad. „What does it look like? **White water rafting**[1]? I'm here for the BMXMasters!“

Und er wohnt bestimmt bei Johnny, dachte ich sofort. Deswegen waren sie gestern zusammen in dem Laden. Ich konnte mich vage daran erinnern, dass Johnny mir irgendwann von einem irischen Jungen erzählt hatte, den er bei einem Wettbewerb in England kennen gelernt hatte. Das war dann ja wohl Vincent gewesen.

Ich war erschüttert. Dieser Vincent war Johnnys Freund und somit mein Feind. Mir war sofort klar: Den Mann auf den Tisch und den Tisch vor die Tür. Er musste weg. Und zwar zackig.

[1] white water rafting – Wildwasserrafting

„You must go“, sagte ich ernst. „You cannot ride here.“

Vincents Lächeln verschwand blitzartig. Ich glaube, er begriff nicht, warum ich so unfreundlich war.

„Sorry? You … you want me to go?“, stotterte er perplex.

„That's right“, antwortete ich schroff und deutete mit einem Kopfnicken auf die Straße. „You must leave this building site.“

Dann erinnerte ich mich an die Standardsprüche aus dem Englischunterricht: „It was a pleasure to meet you. Have a nice day. And have a good trip, too. Goodbye."

Der Junge sah völlig niedergeschmettert aus. Er schaute sehnsüchtig auf die Halfpipe und runzelte die Stirn. „Do you train here alone?"

Ich wusste genau, worauf er hinauswollte: Warum braucht jemand so eine riesige Rampe für sich allein?

Mir tat der Typ ein bisschen Leid. Er war schon ziemlich nett, aber er war trotzdem ein Problem. Auch wenn ich ihn gerne näher kennen gelernt hätte – es ging einfach nicht.

„Yes, I ride here alone", sagte ich streng. „This halfpipe is only for me."

Er schüttelte ungläubig den Kopf. „Can't I ride here with you just for today? Just for a bit?", flehte er.

Er gab echt nicht kampflos auf, der Junge. Ich wackelte innerlich. Es war überhaupt nicht mein Stil, so unfreundlich zu sein, aber ich hatte keine andere Wahl.

„Look, I'm really sorry", beharrte ich, „but … so ist das nun mal im Leben … You really must go."

Er sah mich enttäuscht an. Keine lächelnden Augen mehr, kein frecher Unterton. Er stand da, als hätte er das absolut tollste Weihnachtsgeschenk bekommen und müsste es nach fünf Minuten wieder zurückgeben. Er schüttelte noch mal verständnislos den Kopf und warf einen letzten Blick auf die Halfpipe. Ich verschränkte die Arme als Zeichen meiner Entschlossenheit.

Schließlich gab er auf. Da war nichts zu machen. Er nickte traurig und meinte: „O.k., if you want to be like that."

Sauer und beleidigt setzte er seinen Helm wieder auf und fuhr die Rampe runter. Als er in der Luft auf die andere Seite schoss, musste ich an meinen letzten Abgang aus der BMX-Halle denken. Auch der Fremde machte einen *No-Handed Air*. Nur zeigte er mir nicht den Stinkefinger, sondern winkte mir zu und rief freundlich: „See you at the Masters!" Dann verschwand er so plötzlich, wie er aufgetaucht war.

Kurz danach wusste ich: Ich hatte einen Riesenfehler gemacht.

"But I don't get it ... Why wouldn't the guy let you train with him?" asks Greg, after listening to my story.

"I had no idea at the time."

"Maybe it was a **candid camera joke**[1]," suggests Greg. "A German camera team was following you around Balkhausen, filming your **encounters**[2] with the **locals**[3]. Everybody had to be really unfriendly to you, and the camera team was just waiting for the point when you **flip out**[4]."

"Yeah, that's what it felt like. I was really angry after I left the halfpipe. First Johnny, then this guy ... it was like the whole world was against me – or at least the whole of Germany. And the stupid thing was, I didn't even ask the guy how to get from the halfpipe to the **main square**[5]. I was soon lost again. I was just about to call Johnny when I heard someone shouting at me. At first I thought it was a girl,

[1] candid camera joke – Scherz mit versteckter Kamera
[2] encounter – Begegnung
[3] local – Einheimische/r
[4] to flip out – ausflippen
[5] main square – Marktplatz

but then I turned around and saw it was the guy from the building site. He was racing towards me on his bike. 'Hey, Victor, wait a second!' he said."

"Victor!" laughs Greg. "That's a good one!"

"I stopped and waited for him to cycle up to me. He was completely **out of breath**[1]. I **pointed out**[2] to him that my name was Vincent, not Victor. Then he said, 'Look, I need to **ask** you **a favour**[3] ...'"

"Huh?!" shouts Greg. "A favour?! The guy sends you away from his mega-huge halfpipe because he wants to train there all alone, and then he wants *you* to do him a favour? These Germans sound really strange to me!"

"'So what is it?' I asked. I was really **curious**[4]. The guy **stuttered**[5] around. He didn't seem to know what the favour was. He was **behaving**[6] really strangely. In the end he said, 'Er ... look ... I just wanted to ask you not to tell Johnny that you met me'."

"Huh?" Greg sounds **confused**[7] – but that's

[1] out of breath – außer Atem
[2] to point out sth to sb – jmdn. auf etwas aufmerksam machen
[3] to ask a favour – jmdn. um einen Gefallen bitten
[4] curious – neugierig
[5] to stutter – stottern
[6] to behave – sich verhalten
[7] confused – verwirrt

not surprising. This must all sound really crazy to Greg. "How did he know you were staying with Johnny?"

"He just said, 'Balkhausen is a small place. News travel fast'."

"And why did he want you to keep his halfpipe a secret?"

"That's exactly what I asked him. I mean, Johnny had the indoor BMX hall. He had everything a biker could **dream**[1] of. He didn't need *two* halfpipes!"

"And what did the guy say?" asks Greg.

"He looked a bit confused for a second. Then he said, 'I **stole**[2] his girlfriend'."

"Aha! A **womanizer**[3]. Germany's answer to Brad Pitt."

"No, not at all. This guy was no Brad Pitt. He was kind of small. I mean, I couldn't see his face because he had his fullface on all the time, but he was definitely no Brad Pitt. More like Charlie Chaplin. – I tried to look into the guy's eyes to see if he was lying, but the sun **cast** such **a** strong **shadow**[4] from his helmet that I could not even make out what colour they were. –

[1] to dream – träumen
[2] to steal – wegnehmen, ausspannen
[3] womanizer – Frauenheld
[4] to cast a shadow – einen Schatten werfen

'Johnny hates me,' he said. 'If he finds out about the halfpipe, he'll … he'll **destroy**[1] it.'"

"Wait, let me **get this straight**[2]," says Greg. "This **midget**[3] guy went off with Johnny's girlfriend, and now they hate each other, and so he was scared Johnny would destroy his halfpipe? Yeah, and the **Pope**[4] plays bass guitar in a girls' band!"

"I know, it sounds crazy, but I **didn't care**[5]. There was only one thing I wanted. 'Listen,' I said to him. 'Why don't you let me train on your halfpipe with you? Then I **promise**[6] you I won't say a word to Johnny."

"That's **blackmail**[7]!" says Greg.

"I know. I didn't feel good about it at the time, but the last thing I wanted was to spend the next two weeks training all by myself in an empty BMX hall in the middle of Germany."

"And he said 'yes'?"

"He said, '*Ehrenwort*?'"

"*Ehrenwort*? What does that mean?"

[1] to destroy – zerstören
[2] to get sth straight – Klartext reden
[3] midget – kleinwüchsig, zwergenhaft
[4] pope – Papst
[5] I don't care – das ist mir egal
[6] to promise – versprechen
[7] blackmail – Erpressung

"Word of honour. So we shook hands on it, and from the next day on I could train all day, every day on his halfpipe."

"So what was this guy's name?"

"He was called Chris. Chris Albrecht. And we soon became friends …"

Komplizen

„Bist du wahnsinnig geworden?!"

„Hey, es ist nicht meine Schuld!"

„Natürlich ist es deine Schuld. Du hast gesagt, dass er mittrainieren darf!"

„Was hätte ich sonst tun sollen? Es ist doch besser, wenn er dabei ist und wir ihn im Auge behalten können, als wenn er woanders ist und wir gar nicht wissen, was er den Leuten und vor allem Johnny erzählt."

Krisentreffen in meinem Zimmer: Ich hatte Benno und Anna natürlich sofort von Vincent erzählt. Anna nahm es ruhig hin und lehnte sich auf meinem Bett zurück. Sie hörte zu und überlegte, während sie ihr langes blondes Haar um ihren Zeigefinger wickelte. Benno dagegen ging im Zimmer auf und ab wie ein blindwütiger Tiger.

„Er hat mir sein Ehrenwort gegeben“, versuchte ich ihn zu beruhigen.

„Mal sehen, wie er zu seinem Ehrenwort steht, wenn er herausfindet, dass du ein Mädchen bist!“, fauchte mich Benno an. „Schließlich ist er hier, um die Masters zu gewinnen, nicht zum Puzzeln.“

Aber ich konnte Vincent nicht wegzaubern. Er war da und er würde hundertpro am nächsten Tag zum Training kommen.

„Aber vielleicht ist es gut so.“ Anna sah die Dinge immer positiv. „Ob Christine jetzt auffliegt oder in zwei Wochen bei den Masters, ist am Ende egal. Sehen wir es quasi als eine Testrunde.“

„*Chris*!“ Benno schnappte nach Luft und zeigte auf mich. „*Er* heißt ab jetzt *Chris* ohne *Tine*! Nur ein kleiner Schnitzer und alles geht den Bach runter.“

Dann wedelte er mit dem Zeigefinger hin und her und befahl: „Und auf keinen Fall deinen Helm vor diesem Vincent abnehmen, ist das klar?! Nicht ein einziges Mal!“

Als der irische Typ um Punkt zehn Uhr am nächsten Tag auf der Baustelle erschien, bereiteten Benno und ich ihm nicht gerade einen warmherzigen Empfang. Auch wenn ich ihn auf Anhieb sehr sympathisch – und eigentlich ganz süß – fand, stellte er eine lauernde Gefahr dar. Und außerdem war er mein Konkurrent bei den Masters. Ich hatte Angst, dass er viel besser fahren würde als ich. Deswegen war es wichtig für mich, ihm sofort zu zeigen, wer hier die Hosen anhatte.

Nachdem wir kurz die Fäuste zusammengeschlagen hatten, verkündete ich die erste Trainingsrunde: „Let's ride!"

Ich gab alles. Ich fuhr äußerst aggressiv und machte meine besten Tricks. Ich wollte Vincent einen Schreck einjagen und klare Verhältnisse schaffen. Ich war kein Mädchen auf Rädern, sondern ein ernst zu nehmender Konkurrent.

Dabei war es für mich nichts Neues, so zu fahren. In der BMX-Halle war jede Fahrt mit Johnny und den Jungs wie ein Wettkampf, quasi ein Duell. Es ging immer hart zur Sache. Aber es dauerte nicht lang, bis ich merkte, dass es mit Vincent ganz anders war.

Vincent war nicht auf dem Angebertrip. Er fuhr hinter mir her und versuchte fast alle meine Tricks nachzumachen. Dabei jubelte er mir ständig zu: „Yeah! Cool, man!" oder „Go for it!“ oder „Wicked!“. Er sang sogar dabei! „Funky, funky!“ mit einem Acid-Jazz-Beat oder „Get down, get down!“. Statt auf mich neidisch zu sein, applaudierte er mir zu oder pfiff bewundernd durch die Zähne.

Seine gute Laune war absolut ansteckend. Das Fahren mit ihm machte richtig Spaß und ziemlich bald verlor auch ich mein Konkurrenzdenken. Es störte mich null, dass er so gut fuhr wie ich selbst. Im Gegenteil, ich hatte sogar den Eindruck: Je besser er fuhr, desto besser wurde auch ich. Es war irgendwie wie ein Zwiegespräch.

Im Laufe des ersten Vormittags erwärmte sich sogar Benno für unseren irischen Besucher. Am Anfang war mein Brüderchen ganz mürrisch ihm gegenüber, aber als er merkte, dass Vincent tatsächlich auf seine mathematischen Tipps hörte, wurde er deutlich freundlicher.

Irgendwann machten wir eine Mittagspause. Statt mit Benno und Vincent zu essen – wie sollte das gehen mit einem Fullface-Helm auf der Rübe?! –, aß ich mein Butterbrot hinter dem Rohbau alleine.

„He has to go into himself, weißt du“, erklärte Benno Vincent das komische Ritual und

machte eine aufklärende Handbewegung zwischen Stirn und Herz. „Meditation."

Vincent war ein bisschen verblüfft, aber er schien meinen Abgang ohne Weiteres hinzunehmen.

Als ich eine Viertelstunde später wiederkam, mit vollem Bauch und Helm auf dem Kopf, war Anna zu Besuch. Sie hockte neben Vincent auf einem Haufen Ziegelsteine und lachte.

Aus irgendeinem Grund versteckte ich mich hinter dem Gerüst und beobachtete die beiden einen Moment lang. Vincent erzählte gerade irgendwas Lustiges und war voll in Schwung. Benno saß ihnen gegenüber und starrte unglücklich auf den Boden. Anna hörte Vincent zu und schaute ihn mit großen Augen an. Ich konnte es kaum glauben. Sie flirtete mit ihm! Und ich dachte immer, sie stand auf Benno.

Als Anna noch mal in Gelächter ausbrach, wurde es mir zu viel. Ich beschloss einzugreifen.

Mit rasendem Herzschlag steuerte ich auf die beiden zu und zog dabei entschlossen den Helm vom Kopf. Wie immer schüttelte ich mir die Haare aus, obwohl ich quasi keine mehr hatte. Die vertraute Bewegung erregte Bennos Aufmerksamkeit. Er schaute zu mir hoch und erstarrte vor Schreck.

Ich konnte seine Gedanken lesen: Was zum Teufel machst du da? Hast du ’n Rad ab oder was?!

Anna und Vincent schauten auch hoch und sahen mich herannahen. Es war das erste Mal, dass Vincent mich ohne Helm sah. Ich fühlte mich ganz komisch, als ob ich splitternackt auf einem Laufsteg stolzierte. Ich konnte ihn nicht anschauen. Ich blickte nur geradeaus zu Anna.

„Hi, Chris, alles klar?“, grüßte sie mich mit meinem „richtigen“ Namen.

Aber statt sie zurückzugrüßen, stoppte ich direkt vor ihr, beugte mich entschlossen herunter und küsste sie voll auf den Mund.

Einen Augenblick stand alles still. Da hättest

du eine Stecknadel fallen hören können. Anna schaute mich wie gelähmt an. In meinem Rücken konnte ich das Staunen meines Bruders deutlich spüren. Er kippt gleich ohnmächtig um, dachte ich.

Aber die spannende Frage war, ob Vincent mir den Jungen abgekauft hatte. Ich wagte ihn aus dem Augenwinkel anzuschauen und sah, dass er offensichtlich nichts Außergewöhnliches an der Situation fand. Er grinste breit und nickte mir augenzwinkernd zu.

Ja! Geschafft!

„Alles paletti", antwortete ich endlich auf Annas Frage und unterbrach damit die verlegene Stille. „Wie ist es bei dir?"

Anna war noch leicht unter Schock, glaube ich, aber sie raffte sich schnell zusammen und schlüpfte in ihre neue Rolle.

„Mir … mir geht's blendend, danke", kiekste sie und fügte betont hinzu: „Schatzi!"

Ich warf noch einen Blick auf Vincent und stellte fest, dass er immer noch nichts gerochen hatte.

Doch dann fing Anna plötzlich an, voll die Tussi zu spielen.

„Was machen wir denn heute Abend, Schatzi?", fragte sie so richtig kokett und klimperte dabei mit den Wimpern. „Gehen wir ins Kino oder bleiben wir zu Hause? Bei mir oder bei dir?“

„Nicht übertreiben, Anna“, warnte ich sie ernst. „Er versteht zwar kein Deutsch, aber wenn du zu dick aufträgst, könnte es nach hinten losgehen.“

Anna war pikiert. „Hör mal, habe *ich* dich gebeten, mein Freund zu werden, oder was?“

„Du hast es selber gesagt: Du stehst auf Typen wie mich!“

„Es gibt schon einen kleinen Unterschied …“

„Na ja, das wollen wir jetzt nicht im Detail besprechen“, unterbrach ich sie. „Du musst dich jetzt benehmen, o.k.? Sonst geb ich dir den Laufpass. Oder willst du noch einen Kuss, Kleine?“

Anna streichelte mir verführerisch über die Wange und sagte in ihrer geschmeidigsten Stimme: „Du kannst mich mal, du blöder Sack!“

Neben uns lachte Vincent in sich hinein. „I'm telling you, German is such a funny language“, sagte er. „It always sounds like people are **arguing**[1]!“

[1] to argue – sich streiten

Um ihm das Gegenteil zu beweisen, legte Anna den Arm um meine Schulter und schnurrte: „Chris and I never argue, do we, darling?“

Kurz danach ging Anna nach Hause. Vincent stand neben mir und schaute ihr hinterher. Er musterte sie von Kopf bis Fuß und nickte dabei anerkennend. Er klopfte mir auf die Schulter und sagte: „She’s not bad, Chris, not bad at all!“

Dann drehte er sich um und schob sein Rad zur Halfpipe. Ein ganz merkwürdiges Gefühl kribbelte durch meinen Körper. Auf der einen Seite war ich froh, dass Vincent mir den Jungen hundertprozentig abgenommen hatte. Auf der anderen Seite merkte ich, dass ich eifersüchtig war. Mir wäre viel lieber, wenn Vincent *mir* hinterherschauen würde und *mich* so kommentierte. Aber die Wahrscheinlichkeit, dass er das tun würde, war relativ gering. Er stand eindeutig nicht auf Jungs. Da müsste ich schon bis nach den Masters warten!

"Things were starting to look better for me again: riding with Chris was fun and we were sharing ideas all the time. The next week passed like I was **in free fall**[1]."

"Sounds good. Where's the problem?"

"There was no problem. Not at that point. Chris and I were getting on really well. Chris' brother Benno was always there, too. He was a bit **overprotective of**[2] his little brother, but he gave us lots of tips about BMX. Chris and I were very sceptical – I mean, you can't work out a BMX trick on paper – but **occasionally**[3] Benno said something, and I thought, 'maybe he's right there, I'll give that a try', and I tried to do what he said and it usually worked. – Then one day at the end of the first week, I came home to find Johnny waiting for me in the kitchen. He didn't look too happy. He wanted to know where I had been that morning. He was starting to get **suspicious**[4]."

"And you lied …"

[1] in free fall – im freien Fall
[2] to be overprotective of sb – jmdn. zu sehr behüten
[3] occasionally – gelegentlich
[4] suspicious – misstrauisch

"Of course! I said I'd been in the BMX hall. 'You weren't there at ten o'clock when I came around,' he said. He was watching me really closely. I started making myself a cup of tea, just to **keep** myself **busy**[1]. You know, I'm such a bad **liar**[2]. I always think that people can see I'm lying when they look me in my eyes."

"So what did you say then?"

"I just **shrugged my shoulders**[3] and tried to be as **laid-back**[4] as possible. 'At ten o'clock? Yeah, well, I must have been on the toilet at the time …' But then Johnny said that Nik had come around to the hall at twelve o'clock. He hadn't seen me either."

"Oh, shit! What were they doing, **spying on**[5] you?"

"He really had me **up against the ropes**[6]. I said, 'I must have been taking my lunch break'. But Johnny wouldn't **let go**[7]. 'Did you train *at all* this morning?' he asked me."

"Sounds like the Spanish Inquisition!" laughs Greg. "I'm surprised they didn't hang

[1] to keep sb busy – jmdn. auf Trab halten
[2] liar – Lügner
[3] to shrug one's shoulders – die Achseln zucken
[4] laid-back – gelassen
[5] to spy on sb – jmdm. nachspionieren
[6] to have sb up against the ropes – jmdn. in Bedrängnis bringen
[7] to let go – locker lassen

you up by your feet and say, 'We have ways of making you talk!'"

"I just showed him my hands. They were badly **grazed**[1] from the training. My fingernails were black with **dirt**[2]. 'Does it look like I've been training to you?' I said. There was nothing Johnny could say to that. But he was still really suspicious. I knew I'd have to be **careful**[3] from then on. Things were good as they were. I didn't want that to change."

"All because of some girl!" says Greg, and I can almost see him shaking his head back in Dublin. "It's crazy. Girls are nothing but **trouble**[4]!"

I can't agree with Greg on that. There's nothing I would like more right now than a girlfriend. This very minute. In fact, the first thing I'm going to do when I'm back in Dublin is find one for myself. No matter what.

"And then Johnny **left** you **in peace**[5]?"

"Not exactly. When I went to training the next day, I noticed he was **following**[6] me …"

[1] grazed – abgeschürft
[2] dirt – Schmutz, Dreck
[3] careful – vorsichtig
[4] trouble – Ärger
[5] to leave sb in peace – jmdn. in Ruhe lassen
[6] to follow – folgen

Aberglaube

Es war echt schlimm. Ich fühlte mich richtig schlecht. Fast elf Uhr und Vincent war immer noch nicht beim Training. Jeden Tag kam er Punkt zehn Uhr, so sicher wie das Amen in der Kirche. Nur heute nicht. Ich war völlig fertig mit den Nerven. Ich dachte, er sei vielleicht hinter mein Geheimnis gekommen. Er war empört, sauer, verletzt. Wie konnte ich ihm nur so viele Lügen erzählen? Er würde mir nie wieder trauen. Nie wieder. Und zu Recht.

Vielleicht hatte er etwas zu Johnny gesagt? Oder Johnny ist mir auf die Spur gekommen? Oder vielleicht hatte mich Anna versehentlich „Christine“ genannt, als Vincent dabei war und ich hatte es gar nicht bemerkt? Oder er hat bei mir geklingelt und meine Mutter hat die Tür aufgemacht? „Chris? Es gibt hier keinen Chris. Aber vielleicht möchtest du zu meiner Tochter ...?“

Ich kann kaum beschreiben, wie erleichtert ich war, als Vincent endlich am Nachmittag auf der Baustelle auftauchte. Ich kenne das Gefühl, dass man erst weiß, wie sehr man etwas schätzt, nachdem man es verloren hat. So hatte ich mich in den vergangenen drei Stunden wegen Vincent gefühlt. Ich hatte ihn vermisst.

„Johnny was following me“, erklärte er. „I saw him behind me in the **traffic mirror**[1] at the bottom of the road. So I had to take a **diversion**[2]. I went to the BMX hall. He's starting to get suspicious. But don't worry. He didn't follow me here.“

Na, hoffentlich nicht. Sonst wäre alles im Eimer.

Im Nachhinein kann ich nur sagen, dass ich die Lage nicht ernst genug genommen hatte. Vincent war – von Anfang an – immer die größte Gefahr gewesen. Nicht weil er böse war, und nicht unbedingt weil ich dachte, dass er mich verpfeifen würde. Er war einfach das schwächste Glied in der Kette. Es war eigentlich blöd von mir, überhaupt zu hoffen, dass es klappen könnte.

Nach seiner Vormittagsschicht im Laden kam dann auch Benno, während Vincent und ich schon den schwer erreichbaren 900er zusammen trainierten. Benno war immer noch fest davon überzeugt, dass er uns mit seinen Berechnungen zum Erfolg verhelfen würde. Aber

[1] traffic mirror – Verkehrsspiegel
[2] diversion – Umweg

egal wie sehr wir uns bemühten, wir schafften es einfach nicht.

Vincent hatte eine interessante Erklärung: „It's because there's no full moon at the moment", meinte er ernst.

Na ja, ich wusste, dass der Mond irgendwas mit Gravitationskraft zu tun hatte, aber dass er einen Einfluss auf unsere sportlichen Fähigkeiten haben sollte, wagte ich zu bezweifeln.

„Sorry, Vincent, I don't understand", hakte ich nach. „What does the moon have to do with BMX?"

„Haven't you heard of that before?", fragte Vincent überrascht und erklärte mir: „You can fly higher when there's a full moon."

Bei Vollmond kann man höher fliegen?! Spinnt der?

„Says who?", wollte ich wissen.

„It's an old BMX **superstition**[1]."

Ich musste lachen. Was war das denn für ein Ammenmärchen?! „And you **believe**[2] that?"

Vincent antwortete einen Tick beleidigt: „Of course, I do."

Jetzt wurde ich richtig neugierig. „Are there other BMX superstitions?", fragte ich nach.

[1] superstition – Aberglaube
[2] to believe – glauben

„Oh, there are lots of them.“ Vincent war ein Experte in Sachen Aberglauben. „Like you should never say ‚Let’s do one last trick‘ at the end of the day, otherwise you’ll **crash**[1].“

Vincent hielt kurz inne, um zu gucken, ob ich ihn noch ernst nahm. Ich war so verblüfft über seine unerschütterliche Überzeugung, dass ich zuerst völlig sprachlos war und wahrscheinlich so wirkte, als ob ich mich wirklich dafür interessierte.

„And on the day after a **storm**[2] you always have a dangerous crash“, setzte er fort. „And if you leave a **skid mark**[3] on the ramp, then you’re the best rider that day. And throwing **mud**[4] over your shoulder brings **luck**[5]. You know, things like that.“

„O.k.“, sagte ich, als er fertig war. Und dann konnte ich nicht länger widerstehen. Ich schaute auf meine Uhr – es war schon spät – und sagte: „It’s time to go home. But before we go, let’s do *one last trick for today*!“

Ich wollte auf die Plattform steigen und Vincents Aberglauben auf die Probe stellen. Vin-

[1] to crash – stürzen
[2] storm – Sturm, Gewitter
[3] skid mark – Reifenspur
[4] mud – Schlamm
[5] luck – Glück

cent hielt mich zurück und versuchte es mir auszureden. Er fand das überhaupt nicht witzig.

Benno schmunzelte in sich hinein und erklärte Anna Vincents Theorie, als sie vorbeikam: „Sie müsste jetzt eigentlich stürzen“, sagte er.

Aber ich war nicht zu bremsen. Ich stieg auf die Plattform und – sehr vernünftig, wie ich dachte – machte einen ganz einfachen *Barhop.* Da muss man echt ein Anfänger oder voll auf Drogen sein, um das zu vermasseln. Aber ich bin kein Anfänger und Drogen sind nichts für mich. Deswegen war es mir ein völliges Rätsel, als ich plötzlich nach hinten kippte und mit dem Po voran auf die Halfpipe fiel. Benno hörte nicht auf zu lachen.

„Er hat dich gewarnt!“, sagte er, nachdem er festgestellt hatte, dass ich nicht schwer verletzt war, und klopfte sich dabei auf die Schenkel.

Vincent meinte mit ernstem Gesicht: „Like I said, it’s no joke.“

Dann halfen mir Benno und Anna nach Hause, wo wir ein Coolpack auf mein geschwollenes Knie legten. Morgen würde es wieder in Ordnung sein, aber vielleicht war doch etwas an Vincents Aberglauben dran?

"And this Anna girl ..." asks Greg, having listened to my story so far, "... she was the ex-girlfriend of Johnny? The one who Chris 'stole' from him?"

"That's what Chris told me."

"What was she like?"

"She was nice, but she wasn't that amazing. I mean, she wasn't as good-looking as Leona, I can tell you. Leona was an absolute **bombshell**[1]. You would have **killed for**[2] Leona, Greg."

"So what was all the **fuss**[3] about? Why all the secrets?"

"I don't know. But not telling Johnny about the halfpipe wasn't the only secret I was keeping."

"I see. The **plot thickens**[4]."

"Anna spent a lot of time **hanging around**[5] the halfpipe. At first, I thought she was always there to be with Chris – you know, the classic

[1] bombshell – Bombe
[2] to kill for sb – für jmdn. sterben
[3] fuss – Getue
[4] the plot thickens – die Lage spitzt sich zu
[5] to hang around – rumhängen

groupie – but after a while I started to think she was there for another reason: Benno."

"Chris' brother?" Greg sounds surprised.

"Benno and Anna were always talking together whenever they were alone. At lunch, Anna always went and sat down next to Benno, not Chris. And when Benno left early to go and work at the shop, Anna went with him. She didn't wait for Chris. Chris wasn't **paying** Anna much **attention**[1] at all, but it didn't seem to **bother**[2] him that Benno and Anna spent every free moment together."

"Did you talk to Chris about it?"

"Yeah, I said to him that I thought Anna fancied his brother."

"**Gross**[3]! Just imagine if Shirin secretly fancied Joe." Shirin was Greg's girlfriend. They'd been together for almost a year. And Greg's brother, Joe, was only eight years old!

"Chris said nothing was going on between them. 'They've known each other almost all their lives,' he said. 'It's no big deal.' But I'm telling you, Greg, it was as clear as a giraffe with its head in an **anthill**[4]. And then **the inevit-**

[1] to pay attention to sb – jmdm. Aufmerksamkeit schenken
[2] to bother – stören
[3] gross – ekelig
[4] anthill – Ameisenhaufen

able[1] happened. – I was training with Chris one day, and I had to go to the toilet. Chris stayed on the halfpipe and continued riding. As I went past the **site hut**[2] I saw Benno and Anna together. And they weren't just talking! They were kissing! **Snogging**[3] their heads off!"

"Oh, what a **nightmare**[4]! Just the thought of Shirin kissing Joe! I think I'm going to be sick!"

"I didn't know what to do. I didn't know if I should tell Chris or what? In the end I **decided**[5] not to say a word. Some things are better kept a secret."

"In that case – yes!" Greg makes a sound down the phone like he's being sick. "Snogging with your boyfriend's brother! Urgh! **Disgusting**[6]!"

"Wait, Greg," I say, feeling extremely nervous because I know that my story hasn't come to its end yet. "There's worse to come ..."

I have to tell Greg everything. I don't want to keep any more secrets.

[1] the inevitable – das Unvermeidbare
[2] site hut – Bauhütte
[3] to snog – knutschen
[4] nightmare – Albtraum
[5] to decide – sich entscheiden
[6] disgusting – ekelhaft

Aufstieg

Drei Tage vor den Masters erreichte die Sommerhitzewelle einen neuen Höhepunkt: 35 Grad im Schatten. Es war heiß, richtig heiß.

Und es war unmöglich zu trainieren. Nach einer Stunde waren wir klatschnass und ausgepowert.

„Come on, let's go swimming!“, kam der Vorschlag von Vincent.

Nur über meine Leiche! Wie soll denn das gehen? Ich versuchte mich herauszureden, aber Vincent ließ nicht locker.

„I can't … I can't swim“, sagte ich schließlich und hoffte, Vincent damit von der Idee abzubringen.

Aber Vincent war stur wie ein Kampfstier. „**That doesn't matter**[1]. You can **dip**[2] your feet into the water. Come on, I'll buy you an ice-cream!“

Wie konnte ich ein Eis von Vincent ablehnen?!

Wir fuhren auf unseren Rädern zum Freibad und streckten uns auf der Wiese aus. Vincent

[1] that doesn't matter – das ist egal
[2] to dip – eintauchen

war irritiert, dass ich mein T-Shirt bei der Hitze nicht auszog.

„I havc a sun allergy“, ließ ich hinter meiner monsterdicken Sonnenbrille verlauten und er schien meine Erklärung mit einem Achselzucken zu akzeptieren.

Langsam reichte mir die ganze Lügerei. Ich hatte Vincent nur einen Haufen Mist über mich erzählt, von morgens bis abends, tagelang, mein ganzes Leben bestand nur noch aus Lügen. Ich war immer auf der Hut, musste laufend überlegen, was ich sagte, konnte nicht frei sein. Bei jeder Lüge tat mir Vincent Leid. Er hatte es wirklich nicht verdient, wie der letzte Pansen behandelt zu werden.

Ich dachte darüber nach, ihm mein Geheimnis zu verraten. Vielleicht behielt er es ja für sich. Ich war mir nicht sicher. Wem kann man nach einer Woche schon vertrauen?

Also, nachdem er aus dem Wasser gekommen war und seinen Traumbody patschnass neben mir hatte hinplumpsen lassen, beschloss ich einen Blick hinter die Fassade zu werfen.

„What do you think of girls who ride BMX?“, fragte ich ihn direkt.

Er dachte kurz nach, malte es sich wohl aus und lächelte. „Cool“, meinte er klipp und klar. Also, es ging zumindest gut los.

„What about girls who ride the halfpipe?“, fuhr ich vorsichtig fort.

Die Frage überraschte ihn. „Girls who ride the halfpipe?“ Er runzelte die Stirn. „Do they exist?“

Ich nickte. „Yes, they do. I know a girl who rides the halfpipe, and she's not **allowed**[1] to come to the Masters because Woodward only takes boys for the summer camp.“

„Oh, right“, sagte er. Er lehnte sich zurück und schaute nachdenklich in den Himmel. „I don't know any girls who ride BMX.“

[1] to allow – erlauben

„Do you think girls should be allowed to take part in the halfpipe competition?“, hakte ich nach.

Vincents Augen starrten ins blaue Nichts, als ob er sich von dort eine Antwort auf meine Frage erhoffte.

„Uhm …“, zögerte er. „I don't see why not.“ Dann saß er plötzlich aufrecht und schaute mir fragend in die Augen. „But it's not really the right sport for girls, is it? I mean, it's far too dangerous … I don't know. What do you think?“

Ich spielte meine Meinung runter. Klar, es war ein heikles Thema. „Yes, maybe you're right. But if a girl wants to go there, then why not?“

„Yeah, why not?“, sagte er und schaute wieder in den Himmel.

Doch nach einer kurzen Pause meldete er grinsend Bedenken an. „The only problem is. Girls can be quite a **distraction**[1]“, sagte er augenzwinkernd. „Imagine trying to do a *barhop* with some **gorgeous babe**[2] riding next to you. You'd fall over!“

Er lachte. Ich versuchte auch zu lachen, aber es gelang mir nicht.

[1] distraction – Ablenkung
[2] gorgeous babe – süße Puppe

„But it might help with the 900“, setzte er fort. „After all, your head would be **spinning**[1] already!“

Vincent fand seinen eigenen Witz zum Brüllen lustig, aber ich ließ das Thema einfach fallen. Das hatte mich nicht viel weitergebracht. Ich beschloss meine Maske vorerst nicht fallen zu lassen.

Es war trotzdem ein schöner Tag mit Vincent im Freibad. Er erzählte mir von seinem Zuhause und von Irland. Er erklärte mir, dass die „Blume“ auf seiner Baseballkappe ein ***Shamrock***[2] war und dass es das irische Nationalsymbol ist. Allein die Namen aus seiner Heimat zauberten phantastische Bilder in meinen Kopf: *Connemara*, *the Cliffs of Moher*, *Inishbofin* und der *Dingle* – der westlichste Punkt Nordeuropas. Es hörte sich an wie das Land der Märchen.

Aber er erzählte auch von einer Tragödie: von der großen Hungersnot im neunzehnten Jahrhundert, als eine Million Iren starben und eine weitere Million nach Amerika ausgewandert sind. Er erzählte mir vom Kampf um die Unabhängigkeit und dass Irland sich erst vor neunzig Jahren von Großbritannien gelöst hat.

[1] to spin – drehen
[2] shamrock – Kleeblatt

Ich bemerkte ein gewisses Misstrauen den Engländern gegenüber – oder den *Limeys*, wie Vincent sie nannte.

Dann redeten wir über seine Schule. 1.547 Jungs und kein einziges Mädchen. Das hörte sich echt schlimm an. Ich versuchte mir eine Schule mit 1.547 Mädels vorzustellen. Schon beim Gedanken daran wurde mir übel. 1.547 zickige Ziegen, *no way José*, wie Vincent so schön sagt!

Als das Freibad schloss, entdeckte Vincent in der Nähe eine Kirmes. Eine echte Sensation in Balkhausen! Er war nicht zu bremsen. Ich ließ mich ohne großen Widerstand überreden. Schließlich wollte ich auch nicht, dass der Tag zu Ende ging.

Wir fuhren auf allem, was schnell und wild war, am liebsten in alle Richtungen: Break Dance, Freefall, Rotor und Hexentanz. Wir fuhren, bis uns schlecht wurde. Dann brauchten wir etwas Ruhiges.

Der Blick vom Riesenrad war wirklich spektakulär. Es dämmerte und die Felder um die Stadt waren in orange-warmes Abendlicht getaucht. Am Horizont glühte die Sonne und ein Dreiviertelmond hing darüber wie eine weiße Taube. Es war sehr romantisch.

Ich schaute Vincent immer wieder aus den Augenwinkeln heraus an. Auch er war in dieses sanft-rötliche Licht getaucht und ich stellte fest, dass er nicht nur süß war – er war schön. Der schönste Junge, den ich je kennen gelernt hatte. Und ich saß da und musste die Klappe halten. Ich durfte nicht ich selbst sein.

Schließlich wagte ich es, die Frage zu stellen, die mich schon länger beschäftigte: „Do you have a girlfriend in Ireland?"

Er schüttelte den Kopf und schaute verlegen auf seine Füße. Meine Frage schien seine gute Laune schlagartig zu dämpfen.

„No … I don't."

Das konnte ich mir gar nicht vorstellen. „Why not?", fragte ich.

Er suchte lange nach einer Antwort. Dann gab er kleinlaut zu: „I just haven't **met**[1] the right girl yet."

„Maybe you just haven't been looking in the right place", schlug ich vor.

Vincent zuckte mit den Achseln und zog eine leichte Grimasse. Dann lächelte er sanft. „My uncle Casey has this **saying**[2]", sagte er verträumt. „He always says, ‚Never go looking for

[1] to meet – treffen, kennen lernen
[2] saying – Spruch

love, Vincent. It always comes when you least **expect**[1] it'."

Mein Herz stockte. Wenn Vincent nur wüsste, was ich mittlerweile für ihn empfand, auch wenn ich immer mein Bestes tat, meine Gefühle zu unterdrücken. Ich wechselte schnell das Thema und wir drehten uns weiter durch die Luft.

Dann war es dunkel. Wir wollten nach Hause gehen, aber auf dem Weg zum Ausgang entdeckte ich ein Trampolin, das hinter den Kirmesständen unbenutzt herumstand.

„How about one last trick for today?", fragte ich Vincent, ganz bewusst mit dieser Anspielung.

Er zögerte kurz und schaute abwechselnd von mir zum Trampolin und zurück.

„I **bet**[2] I can jump higher than you can!", wettete ich.

Er zögerte noch, aber ich merkte, wie er langsam wieder in Stimmung kam.

„No way! You don't **stand a chance**[3]", konterte er und rannte los.

Ich lief ihm hinterher und sprang ebenfalls

[1] to expect – erwarten
[2] to bet – wetten
[3] to stand a chance – eine Chance haben

auf das Trampolin. „I was born on a trampoline!“, sagte ich, als wir anfingen, hoch- und runterzuhüpfen.

Das entsprach auch irgendwie der Wahrheit. Als Kind war ich tatsächlich in einem Trampolinverein gewesen. Johnny meinte immer, das erklärt wohl, warum ich so gut BMX fahren kann.

„Look! I'm higher than you!“, schrie Vincent überzeugt, als wir in Schwung kamen. Aber ich war anderer Meinung.

„No you're not! I'm higher!“, schrie ich, obwohl es unmöglich war, unsere Höhe zu messen.

Doch Vincent gab nicht nach. „It's **obvious**[1]", brüllte er lachend. „I'm higher!"

Er versuchte mit seiner Hand eine Linie zwischen unseren Augen mitten in die Luft zu zeichnen, aber das war mir zu ungenau. Ich sprang näher auf ihn zu, sodass wir quasi Auge in Auge hüpften. Wir waren einander so nah, dass unsere Nasen sich ab und zu sogar berührten. So konnten wir den Unterschied besser beurteilen.

„I'm higher!"

„No, I'm higher!"

Aber es gab kaum einen Unterschied. Bis ich Vincent an den Schultern packte und ihn runterdrückte. Er fiel lachend zu Boden. Aus Rache zog er meine Beine weg und ich krachte auf ihn drauf. Wir kugelten uns vor Lachen. Ich weiß nicht, was mich mehr außer Puste brachte, das Springen oder das Kichern, aber ich bekam kaum noch Luft.

„O. k. You win!", gab Vincent mit Lachtränen in den Augen zu.

Ich konnte nicht antworten, ich war völlig außer Atem. Vincent grinste und ich dachte: Er ist so wunderschön. So ein ehrliches Lachen.

[1] obvious – klar, offensichtlich

Und dazu Augen, in denen man sich verlieren kann. Sie waren hell wie ein Sommertag, blau wie der Himmel und glänzten im Mondlicht. Seine schwarzen Haare wippten hoch und runter. Er hielt sich vor lauter Lachen den Bauch. Wir kicherten wie kleine Kinder, bis es wehtat.

Aber dann hörten wir plötzlich auf zu lachen. Es war so still, als ob wir die einzigen Menschen auf diesem Planeten wären. Ich wollte Vincent küssen. Ich versuchte dem Gefühl zu widerstehen, aber es brachte nichts. Vincent schaute mich an, als ob er genau das Gleiche wollte. Es gab nur ihn und mich.

Er reckte seinen Kopf einen Millimeter zu mir – so empfand ich es jedenfalls – und ich tat das Gleiche. Ich konnte seinen Atem spüren. Ich zögerte kurz, aber dann küssten wir uns. Seine Lippen auf meinen Lippen. Meine Lippen auf seinen. Die Berührung ging wie ein Schauer durch meinen ganzen Körper. Unsere Münder waren das Zentrum der Welt. Es war ein phantastisches Gefühl.

Plötzlich schubste mich Vincent heftig an den Schultern zurück. Seine weit aufgerissenen Augen starrten mich verängstigt an, als ob er einen Geist gesehen hätte. Er wich zurück.

„What … what are you doing?“, stotterte er.

Er schwang sich über den Rand des Trampolins und landete mit beiden Füßen auf dem Boden.

„Vincent … I just …“ Ich war wie gelähmt.

„You … You kissed me!“, murmelte er erschrocken und wischte seinen Mund mit dem Handrücken ab. Er atmete schwer und starrte mich mit Abscheu an.

Ich wollte meine Hand ausstrecken. Ich wollte ihn festhalten und ihm sagen, dass alles o. k. war. Aber ich konnte mich nicht bewegen.

„I'm … I'm not …“, stammelte er. Er konnte mir nicht mehr in die Augen schauen. „I'm not …“

Seine Mundwinkel zogen sich verächtlich nach unten, aber er brachte seinen Satz nicht zu Ende. Er drehte sich nur um, schnappte sein Rad und fuhr so schnell wie möglich los. Dann hatte ihn die Nacht verschlungen.

Ich war am Ende. Ich ließ mich auf das Trampolin fallen und starrte in den Himmel. Tausende kleiner Sterne leuchteten im schwarzen Nichts.

"You did *what*?" Greg almost screams on the end of the line. That's just the reaction I was expecting from Greg: shock, horror, surprise, amazement, **disbelief**[1]. I'm just about to tell him that it wasn't me who kissed *Chris*, but Chris who kissed *me* when …

"*Beep! Beep! Beep!*"

The display flashes: "Restzeit: 00:03. Bitte werfen Sie Münzen ein!"

At the same time there's an **announcement**[2] over the **tannoy system**[3]. I can't even hear the beeping anymore.

"Will passengers to Mogadishu please go to gate 87 …"

Where on earth is Mogadishu?

"Hey! Vincent! Speak to me!" shouts Greg as if he's now three million miles away. I can **hardly**[4] hear a thing.

"*Beep! Beep! Beep!*"

I look in my pockets for some more euros

[1] disbelief – Fassungslosigkeit
[2] announcement – Durchsage
[3] tannoy system – Lautsprecheranlage
[4] hardly – kaum

while holding the phone between my shoulder and ear. Then someone **taps**[1] me on my shoulder.

"Entschuldigung!"

I **jump out of my skin**[2] and turn around. The phone slips out of its **tight fix**[3] between shoulder and ear and crashes against the glass of the phone booth.

Two policemen are standing right behind me. German policemen! What do they want? Are they going to **arrest**[4] me for having kissed a boy?!

"Entschuldigung," says one of the green policemen in his Darth-Vader-like voice. "Sie haben Ihr Portmonee fallen lassen."

Help! What did he just say? *Come over to the Dark Side, Vincent? May the Force be with you*? I don't understand a single word.

"V-i-n-c-e-n-t !!!" comes a **distant**[5] scream out of the telephone. But Greg can't help me now. This is it. I'm going to be put away in a German **prison**[6] for illegal kissing. Fifteen years

[1] to tap – klopfen
[2] to jump out of one's skin – erschreckt hochfahren
[3] tight fix – feste Verankerung
[4] to arrest – verhaften
[5] distant – fern
[6] prison – Gefängnis

minimum. I'll never be allowed to go home to Dublin again.

But then I see the object that the policeman is holding out to me. My **wallet**[1] is in his hand. I must have **dropped**[2] it while I was looking for **change**[3].

The second policeman rolls his eyes and says something that sounds like *Volltrottel*. I take

[1] wallet – Portmonee
[2] to drop – fallen lassen
[3] change – Kleingeld, Wechselgeld

my wallet and say "Merci beaucoup" and then **kick myself**[1] for being such an idiot.

"**A pleasure**[2]," says the policeman coolly, but he gives me a look **from head to toe**[3] as if he's thinking, 'better keep an eye on this one, looks like he could be trouble'.

"Auf Wiedersehen."

"Auf Wiedersehen."

Darth Vader and his **buddy**[4] **stroll off**[5] into the main departure hall and leave me to **sweat**[6] in peace.

I grab the telephone and swing it to my ear.

"Greg? Are you still there?"

No, Greg isn't there. The line is dead.

Absturz

In meinem Kopf fuhren die Gedanken Formel 1, alles raste im Kreis, fast so viele Gedanken, wie es

[1] to kick oneself – sich in den Hintern beißen
[2] a pleasure – keine Ursache
[3] from head to toe – von Kopf bis Fuß
[4] buddy – Kumpel
[5] to stroll off – wegschlendern
[6] to sweat – schwitzen

Sterne am Himmel gibt. Schlafen war nicht möglich. Ich lag nur auf meinem Bett, starrte die Decke an und dachte an Vincent.

Eine Frage beschäftigte mich am meisten: Kam der Kuss genauso von Vincent wie von mir?

Um sechs Uhr stand ich auf und ging unter die Dusche. Um sieben war das Frühstück schon erledigt. Um acht Uhr rief ich Anna an – eine gnadenlose Langschläferin – und holte sie aus dem Tiefschlaf. In einer Tour erzählte ich ihr von den gestrigen Ereignissen.

„Du hast ihn *was*?!“, schrie sie schockiert in den Hörer, als ich zum Höhepunkt meiner Geschichte kam.

„Geküsst, Anna! Auf den Mund. Mindestens drei, vier Sekunden lang.“

„Mit oder ohne Zunge?“

„Ohne!“

Anna wusste natürlich, dass ich Vincent nett fand, aber sie hatte trotzdem nicht damit gerechnet, dass wir uns küssen würden.

„Der Arme“, sagte sie schließlich. „Er weiß bestimmt nicht, wo ihm der Kopf steht. Oder vielleicht ist er doch schwul?“

„Das habe ich mir auch schon überlegt.“

„Dann könnten wir ihn mit Florian und

Micha verkuppeln“, meinte Anna im Scherz. Florian und Micha waren zwei Jungs aus der elften Klasse, die letztes Jahr ihr Coming-out hatten. Sie gingen damit ganz offen um und es war null Problem für sie und ihre Klasse. Eher für die Eltern.

„Aber für *dich* wäre das schlimm“, fügte Anna hinzu, „ich meine, wenn du es ernst meinst.“

„Ja, ich weiß. Aber ich glaube, dass er eigentlich auf Mädchen steht.“

Anna ließ sich alles durch den Kopf gehen. Nach einer Weile sagte sie: „Na ja, du sitzt jetzt ganz schön in der Tinte.“

Damit traf sie den Nagel auf den Kopf.

„Ich weiß! Aber was soll ich machen?“

„An deiner Stelle würde ich nichts tun. Nur abwarten.“

„Aber Anna, ich muss ihm doch was sagen. Er leidet bestimmt total.“

„Auf keinen Fall!“, kam scharf von Anna zurück. „Du kannst ihm nicht vertrauen. Du kennst ihn nicht gut genug. Wenn er jetzt die Wahrheit erfährt, wird er bestimmt sauer sein. Was ist, wenn er dich verpfeift? Mann, es sind nur noch ein paar Tage bis zu den Masters, das überlebt er schon!“

„Und danach erzähle ich ihm alles.“

„Ja klar, danach erzählst du ihm alles.“

Anna hatte mich ein bisschen besänftigt, aber ich hatte immer noch ein ganz flaues Gefühl im Bauch. Alles stand Kopf. Ich konnte es kaum erwarten, bis es zehn Uhr war. Würde Vincent zum Training kommen? Ich hoffte sehr. Ich überlegte, wie ich ihn beruhigen könnte, ohne mein Geheimnis preiszugeben. Aber mir fiel nichts ein.

Kurz vor zehn Uhr klingelte es an der Haustür. Mein Herz fing an zu rasen. Das ist bestimmt Vincent, dachte ich, er will mich zum Training abholen! Ich lief aus meinem Zimmer und sauste die Treppe hinunter. Als ich an die Haustür kam, sah ich den Umriss einer Gestalt durch die Milchglasscheibe und bremste mich. Vincent war nicht so groß wie die Silhouette hinter dem Glas.

Ich ging zum Fenster neben der Tür und zog vorsichtig den Vorhang zur Seite. Mein Herz blieb fast stehen. Johnny stand vor der Haustür.

Er musste die Bewegung des Vorhangs gesehen haben, denn plötzlich rief er: „He, Tine! Mach mal auf.“

Ich ließ blitzschnell den Vorhang fallen und versuchte einen kühlen Kopf zu behalten.

Was macht Johnny hier? Hat Vincent ihm vielleicht etwas erzählt? Oder hat er von meinem Masters-Plan irgendwie Wind bekommen?

„Was willst du?“, rief ich durch die Tür.

„Mit dir reden“, kam von Johnny zurück.

„Dann sprich!“

Johnny versuchte durch das Fenster neben der Tür zu schauen. Der Vorhang machte ihm einen Strich durch die Rechnung.

„Lass mich doch rein“, zischte er und klopfte ungeduldig an die Haustür.

„Du hast gesagt, du willst mit mir reden, also spuck es aus!“

„Warum lässt du mich nicht rein?“, fragte er perplex.

„Weil ich dich nicht sehen will.“

Johnny schwieg auf der anderen Seite der Tür. Er hatte offensichtlich nicht mit Widerstand gerechnet. Ich wartete gespannt.

„Ich … ich wollte dich fragen“, stotterte er unsicher, „ob du zu den Masters mitkommst?“

Hallo? Höre ich richtig? Er fragt *mich*, ob ich zu den Masters komme? Ich war völlig verdattert.

„Wieso?“, hakte ich vorsichtig nach.

„Im Support-Team, dachte ich.“

Verarscht der mich? Das kann doch nicht

sein Ernst sein! Ich ging noch mal zum Fenster und spähte vorsichtig durch den Vorhang. Johnny hüpfte nervös von einem Bein auf das andere und wartete auf meine Antwort. Nee, er meinte es doch ernst.

„Weißt du“, fügte er hinzu, „die Jungs wollen alle dabei sein und ich dachte, du bestimmt auch.“

Er hatte keine Ahnung. Von nichts. Und am wenigsten von mir.

Es verschlug mir die Sprache, so baff war ich. Also sagte Johnny leicht verlegen: „Ich wollte nur sagen, ich hab nichts dagegen, wenn du mitkommst. Kannst ja mal drüber nachdenken.“

„Alles klar“, sagte ich nach einer Weile, um Johnny loszuwerden. „Ich denk drüber nach.“

„Nur wenn du willst. Ist mir eigentlich egal.“

Na ja, deswegen bist du ja auch hier!

Johnny sagte nichts mehr und ich hörte, wie er sich umdrehte und den Gartenweg zurückschlenderte. Ich schaute noch mal durch den Vorhang und sah, wie er in Richtung Straße verschwand. Puh, war ich erleichtert!

Ich schaute auf die Uhr in der Küche und stellte fest, dass es schon zehn Uhr war. Ich musste mich beeilen. Vielleicht wartete Vincent bereits auf mich.

Ich hetzte die Treppen hoch, schnappte meine Sachen und eilte aus dem Haus.

Down & Out

"Ähm … en-schuul-di-gong … can du five You-ros change-n, bitte?"

The woman behind the **counter**[1] looks at me as if I've just been **released**[2] from the zoo. My name is Vincent the Monkey.

"You-ros?"

Yeah, euros – pronounced You-rose, you know, as in You-rop. It's obvious.

"Ah!" The euro **drops**[3]. "You mean Oi-row?" she asks. She's **taking the mickey**[4].

"Yes, Oi-row." I give up because I can see there's no point trying to give this woman a lesson in English **diction**[5].

She puts the five euro **coins**[6] into my hand. "There you are, five You-ros, have a nice day,"

[1] counter – Schalter
[2] to release – freilassen
[3] to drop – fallen lassen
[4] to take the mickey [out of sb] – jmdn. aufziehen
[5] diction – Aussprache
[6] coin – Münze

she says in perfect English. Great! Why do I bother?

I turn around to **head back**[1] to the telephone and almost drop the five euros.

"Excuse me, could you take a photo of us, please?" says a man in an elegant black **suit**[2] and an open-neck white shirt. He has a Spanish accent, and he's holding out a camera to me.

Us? Who is *us*? The man is standing next to a **luggage trolley**[3] full of suitcases, and there's no one else **in sight**[4].

"My partner will be here in a second," he says **in response to**[5] the look of confusion I give him. He points over to the toilets.

I take the camera and look over to the two toilet doors – *Herren* and *Damen*. Both doors open at the same time. An elegant lady comes out of the Ladies' toilet, and a man in a blue polo shirt comes out of the Gents. The woman is wearing almost the same clothes as the Spanish man, except with a **knee-length skirt**[6] in-

[1] to head back – zurückeilen
[2] suit – Anzug
[3] luggage trolley – Gepäckwagen
[4] in sight – in Sicht
[5] in response to – in Erwiderung auf
[6] knee-length skirt – knielanger Rock

stead of trousers. It's obviously his wife. The other half of the *us*.

"Can you take the photo so that the *Willkommen in Deutschland* sign is in the background?" continues the Spanish man, and I nod again. Whatever. I just want to **get** this **over and done with**[1] quickly. I have to call Greg back.

But the elegant lady walks right past us without even looking at us.

"Da bist du, *mi amor*!" says the Spanish man with a big smile on his face. I have no idea who he's talking to and what he says.

The man in the blue polo shirt comes up to the Spanish man and gives him a quick kiss on the mouth.

I want the ground to open up under my feet and **swallow**[2] me right now. Why – of all people – does a gay couple have to ask *me* to take their photograph?

"Der junge Mann macht ein Foto von uns ..."

The two men stand underneath the *Welcome to Germany* sign with their arms around each other like a ... like a ... like a real couple. If the Spanish guy was a woman, everything

[1] to get sth over and done with – mit etwas fertig werden
[2] to swallow – verschlucken

would be fine. Or the polo guy. At least one of them. But they're both men. Like me.

They give me a big smile, and I take the photo. I see the **result**[1] on the digital display and can't help thinking: That's a really nice photo. They make a good couple.

"*Muchas gracias*," says the Spaniard. "Have a nice day."

A nice day? I'm having one of the worst days of my life.

I **hurry**[2] over to the phone, **dial**[3] Greg's number and put all five Oi-row into the phone.

[1] result – Ergebnis
[2] to hurry – hetzen
[3] to dial – wählen

“Vincent?!” says Greg as he answers the phone. ”Where were you?”

“I just had to take someone’s photograph.”

“I was worried about you. I thought you’d jumped in front of a plane or something!”

Yeah. That’s exactly how I feel right now.

“Greg?” I say, and I can hear my voice **trembling**[1] at the thought. ”What am I going to do? What if … what if … I’m gay?”

Solo

Vincent kam nicht. Die Baustelle war menschenleer. Es war Samstag. Die Bauarbeiter hatten frei und Benno arbeitete im Laden. Es war ein trauriger Anblick. Vielleicht hatte Vincent einfach verschlafen. Ich versuchte ein bisschen zu fahren, aber es war zwecklos: Ich kriegte nichts auf die Kette, als ob ich nie in meinem Leben Rad gefahren wäre. Die meiste Zeit verbrachte ich auf dem Boden und konnte mich einfach nicht konzentrieren.

[1] to tremble – zittern

Am Mittag gab ich auf. So konnte es nicht weitergehen. Der Gedanke, dass Vincent wegen mir litt, ließ mich nicht los. Ich musste irgendwas unternehmen. Aber was?

Ich wollte wenigstens versuchen mit Vincent zu reden. Ich dachte, dass ich ihn bestimmt bei Johnny finde. Und zwar hoffentlich allein. So wie ich Johnny kannte, war er vermutlich um diese Zeit in der Halle.

Ich fuhr los und ging die vertraute Straße hoch zu Johnnys Bungalow. Es war ein ganz komisches Gefühl, dort wieder hinzugehen, wo ich so oft im letzten halben Jahr gewesen bin. Ich kam mir vor wie eine Brieftaube, die am falschen Bestimmungsort ankommt, oder wie ein Fisch ohne Wasser.

Es schien niemand da zu sein, aber ich wollte trotzdem nicht an der Haustür klingeln. Johnnys Mutter hätte auch zu Hause sein können. Ich wusste, wo sich das Gästezimmer befand, also schlich ich wie ein Einbrecher um das Gebäude.

An der Seite lag das Fenster zum Gästezimmer. Ich lugte hinein und sah Vincents Füße auf dem Bett. Orangeblaue Sneakers. Doppelknoten. Unverkennbar. Ich konnte nicht sehen, ob er schlief oder las oder ob er nur an die Decke starrte, so wie ich die ganze Nacht vorher, aber er war da.

Ich klopfte leise ans Fenster. Die Füße bewegten sich nicht. Ich klopfte noch mal ein bisschen lauter und merkte, dass seine Beine zitterten.

„Hey, Vincent, it's me!", flüsterte ich durch die Fensterscheibe.

Jetzt schwangen seine Füße vom Bett zum Boden und blitzartig stand Vincent vor mir. Er schaute mich entgeistert durch die Fensterscheibe an, sah völlig fertig aus, dunkle Ränder unter den Augen und er trug dieselben Klamotten wie gestern Nacht.

Ich versuchte meine Aufregung zu unterdrücken. Ich wusste, was ich zu tun hatte: den Obermacho zu spielen. Meine wahren Gefühle durfte ich nicht zeigen. Nicht unter Jungs.

„Open the window, will you?", sagte ich lässig und zog den Rotz, wie Benno mir beigebracht hatte, hoch. Dann spuckte ich auf den Boden.

Vincent zögerte, dann kam er einen Schritt auf mich zu und kippte das Fenster.

„Hey, Vincent!", sagte ich mit einem breiten Grinsen. „Are you coming to training today?"

Vincent bewegte sich nicht. Er zuckte nicht

mal mit der Wimper. Wie eine Statue stand er da.

„Only a few more days to the Masters!", sagte ich kumpelhaft. „The time runs …!"

Ich wusste nicht, wie man *die Zeit läuft* auf Englisch sagt, aber das war jetzt auch egal. Vincent blieb regungslos stehen, kein Ton kam über seine Lippen. Warum sagte er nichts? Ich musste mir echt Mühe geben, um locker zu bleiben.

„Maybe we can … do … make a 900 … before …", warf ich ein. Mein Englisch wurde zusehends schlechter.

Immer noch nichts. Vincent wollte mich mit seinem Blick zermürben, glaube ich. Ich kratzte mich an den nicht vorhandenen „Eiern" und räusperte mich. Du bist ein cooler Typ, du bist ein voll cooler Typ, wiederholte ich in Gedanken, aber es ging nicht. Ich musste irgendwas zu gestern Abend sagen. Die Frage war: was?

„Look … ähm … about … ähm … about yesterday. It … it was an … an **accident**[1]. I didn't mean to … ähm … Look, I'm not … I'm not …"

Ich vollendete meinen Satz nicht, weil Vin-

[1] accident – Unfall

cent wie unter Schmerzen die Augen schloss und mir abwehrend seine Handfläche entgegenhielt.

Leise, aber nachdrücklich sagte er: „I never want to see you again."

Das tat weh. Seine Worte hauten mich fast um. Ich spürte, wie meine Tränendrüsen anschwollen. Ich war ganz nah dran, alles hinzuwerfen und ihm die Wahrheit zu sagen. Er wollte mich nie wieder sehen, so was durfte er doch nicht sagen!

„But … but where are you going to train for the next days?", fragte ich verzweifelt.

Vincent machte die Augen langsam auf, starrte mich kalt an und sagte zähneknirschend: „**Somewhere else**[1]."

Ich versuchte, nicht beleidigt zu sein. Nach der Geschichte mit Johnny hatte ich mich ausgerechnet wieder in einen Typen verknallt, der mich schlagartig wie ein Stück Dreck behandelte – aber in diesem Fall war ich leider selber schuld.

Ich blieb locker und meinte einfach: „Cool."

Vincent schaute mich herausfordernd an und sagte in fiesem Ton: „So, you can go now."

[1] somewhere else – irgendwo anders

Wie zum Schutz hielt ich meine Hände hoch. So viel Widerstand hatte ich nicht erwartet. „O.k., man! I just wanted to find out what you were doing …“

Vincent sagte wieder nichts. Er wartete nur. Es gab auch nichts mehr zu sagen. Es hatte keinen Sinn. Er wollte nichts mehr mit mir zu tun haben.

Ich wendete mich ab, um zu gehen, aber etwas hielt mich zurück. Ich drehte mich wieder zu Vincent, der auf der anderen Seite der Fensterscheibe wie ein Gefangener stand.

„Only together can we beat Johnny“, sagte ich spontan.

Vincent zuckte kaum sichtbar zusammen.

„I mean, you still want to beat him, don't you?“, hakte ich nach. „You don't want to lose again like you did in London?“

Ich wusste nicht, ob ich zu weit ging. Ich wusste, dass es nichts gab, was Vincent mehr wollte, als Johnny bei den Masters zu schlagen. Aber Vincents Gesicht blieb völlig ausdruckslos.

Ich machte weiter. Auf einmal war ich nicht mehr zu bremsen. Mein Englisch floss wie ein Wasserfall. „What if you lose on Saturday? And all because you **wasted**[1] the last two days of training? You know we both ride better when we ride together. BMX is in here“, ich zeigte auf meinem Kopf, „and here“, ich schlug meine Faust gegen meinen Bauch, „nowhere else. To ride good, you have to feel good. You know I’m right.“

Vielleicht bildete ich es mir ein, aber ich dachte, dass ich sehen konnte, wie Vincent mit sich kämpfte.

„Come on, Vincent. Forget about last night. Come to training!“

Ich wartete. Würde er über seinen Schatten springen? Würde er auf mein Angebot eingehen? Aber bevor er etwas sagen konnte, klopfte es an seiner Tür.

„Hey, Vincent, do you want some lunch?“

Verdammt! Johnny! Er war doch im Haus.

Vincent riss die Augen erschrocken auf. Er sprang zur Fensterscheibe und zischte: „Just go away, will you?“

Er fasste den Fenstergriff und wollte das Fenster wieder schließen, aber ich war genauso schnell. Mit beiden Händen drückte ich dagegen. Das Fenster ging keinen Millimeter zu.

[1] to waste – verschwenden

„Tell me you'll come to train with me tomorrow!“, beharrte ich.

Hinter Vincent wackelte der Türgriff hoch und runter, aber die Tür war abgeschlossen – Johnny kam nicht rein.

„Hey, Vincent, are you there?“, rief Johnny.

„Didn't you hear me?“, fauchte Vincent mich wütend an und drückte mit der Schulter gegen das Fenster. „I want you to go!“

Aber ich ging nicht, auch wenn ich merkte, dass meine Kraft langsam nachließ. Ich konnte das Fenster nicht viel länger aufhalten.

„Tomorrow? Ten o'clock?“, schnaufte ich auf der anderen Seite. Nur das Glas trennte uns noch. Unsere Gesichter waren sich fast so nah wie am Vorabend.

Von der anderen Seite der Tür kam noch mal Johnny: „Hey, Vincent, do you want me to **break the door down**[1], or what?“

Vincent gab nach: „O.k. I'll come tomorrow. Now get out of here! Please!“

Ich nickte zustimmend und gab nach. „O.k.! See you tomorrow then!“

Vincent knallte das Fenster zu und wandte sich zur Tür. Es war Zeit abzuhauen. Ich duck-

[1] to break the door down – die Tür eintreten

te den Kopf und rannte die Außenwand entlang. Wenige Sekunden später saß ich auf meinem Rad und fuhr erleichtert nach Hause.

Under pressure

"So what happened after Chris had come around to visit you?" asks Greg, listening to every word of the crazy story I'm telling him. "Did you go and train with him the next day?"

"No, of course not! Can you **imagine**[1] how I was feeling?"

"But I don't see what the problem is ..." says Greg. "I mean, it was *Chris* who kissed *you*, not **the other way around**[2]!"

Silence. This is the point in our conversation I have really been **dreading**[3]. Yes, Greg is right. Chris kissed *me*. *I* didn't kiss Chris. But when we kissed – well ... how can I explain? – it felt really *good*. In fact, it felt fantastic. And that's what I can't tell Greg ...

[1] to imagine – sich vorstellen
[2] the other way around – andersrum
[3] to dread sth – sich vor etwas fürchten

But it's as if Greg can read my thoughts: "There's nothing to **be ashamed**[1] about, man!" he says.

I know he's right, but I still want to put my head in a **hole**[2] and fill it up with **earth**[3].

"It's just ... in the **moonlight**[4]..." I say to Greg, "he ... he almost looked like a girl ..."

"I understand."

"And then it just happened. **Out of the blue**[5]."

I can almost see Greg **shrug his shoulders**[6]. He **sighs**[7]. "Yeah, well, what happened, happened. You can't change that. But why didn't you call me?"

"I was **in a** complete **mess**[8]," I admit. "I was confused ... I just didn't want to talk to anybody about it ..."

"And then what happened?"

"Then Johnny turned up. That made things even worse. He came into my room, sat down on the desk, stared at me for a while and then

[1] to be ashamed – sich schämen
[2] hole – Loch
[3] earth – Erde
[4] moonlight – Mondlicht
[5] out of the blue – aus heiterem Himmel
[6] to shrug one's shoulders – die Achseln zucken
[7] to sigh – seufzen
[8] to be in a mess – durcheinander sein

said with a really **smug**[1] smile: 'I know everything ...'"

"Oh, shit! You mean he'd seen you and Chris kissing? Or had Chris told him what happened? Or did he hear you two talking through the window earlier?"

"That's exactly what I thought. I **broke out into a sweat**[2]. The last person I wanted to know about me kissing Chris was Johnny."

"So how did he find out?"

"That was the funny thing. He wasn't talking about the kiss. After a while he said, 'I know where you've been training'."

"Aha?"

"He'd seen the halfpipe on the building site with Nik. He wanted to know who it belonged to."

"Did you tell him?"

"No, man, of course not. I always keep my **promises**[3], you know that. I just shook my head and said I didn't know what he was talking about. But Johnny just wouldn't let go. 'Come on, Vincent,' he said. 'Don't lie to me. You haven't been training in the hall, I know that.

[1] smug – selbstgefällig
[2] to break into a sweat – ins Schwitzen geraten
[3] promise – Versprechen

Who does that halfpipe belong to? Who built it?' I didn't say a word. Eventually Johnny got up from the desk and said, 'O.k. If you want to be like that ... But I know something's going on'. Then he left the room. – I felt really **under pressure**[1]. I just wanted everybody to leave me alone. No more Chris, no more Johnny. I had to **sort** things **out**[2] in my head ..."

Rückschlag

„Ihr müsst beide morgen zur Baustelle mitkommen“, bat ich Benno und Anna. „Ich schaffe es nicht allein. Ich bin total nervös. Außerdem wird Vincent sich bestimmt wohler fühlen, wenn ihr dabei seid.“

Es war wieder Krisentreffen. Ich hatte Benno von der neuen Situation erzählt. Er war natürlich alles andere als begeistert.

„Ihr müsst noch mal so eine Nummer machen“, schlug Benno vor und schaute von mir

[1] under pressure – unter Druck
[2] to sort out sth – etwas klären

zu Anna. „Noch mal knutschen oder so. Also, richtig überzeugend. Das könnte Vincent runterbringen."

„Oder vielleicht soll ich mich an Vincent ranmachen?", überlegte Anna. „Nur um ihn wieder aufzurichten …"

„Auf keinen Fall!", schrie Benno auffällig laut. Waren das vielleicht die Sommerhormone?

„Nein, klar, wir wollen es nicht übertreiben", sagte ich. „Es geht darum, dass Vincent sich sicher fühlt. Deshalb müsst ihr dabei sein."

Aber wir hätten uns die ganzen Überlegungen sparen können. Am nächsten Tag, als wir zur Baustelle kamen, erwartete uns ein furchtbarer Anblick: ein Halfpipe-Trümmerfeld.

Das Gerüst war völlig verdreht und die Hälfte der Bretter war kaputt. Das Ganze sah aus wie eine Tierleiche, aus deren Überresten die Knochen hervorragten. Wir waren völlig sprachlos.

Nur auf einer Seite gab es eine sehr schmale Stelle, ungefähr einen Meter breit, die noch intakt war. Es sah aus, als ob jemand mehrmals mit dem Bulldozer dagegengefahren wäre.

Benno platzte fast vor Zorn. Dann entdeckte er etwas auf dem Boden: eine orange-weiß-

grün gestreifte Baseballkappe mit einem *Shamrock* drauf. Vincent.

Das war echt eine kalte Dusche. Wie konnte Vincent so was tun? Ich nahm die Kappe an mich und verabschiedete mich eilig von Benno und Anna. Ich wollte mit Vincent alleine reden. Ich verstand nicht, warum er das gemacht hatte. Ich meine, egal wie sauer er auf mich war, das hier ging einfach zu weit.

Mit Vincents Kappe in der Hand fuhr ich noch mal zu Johnny, in der Hoffnung, dort Vincent zu finden. Ich schlich wieder durch den Garten zu seinem Fenster, aber er war nicht da. Ich schaute in die anderen Räume und wartete eine Weile, aber er tauchte nicht auf. Also überlegte ich, in der BMX-Halle vorbeizuschauen. Vielleicht hatte Vincent seine Vormittagsschicht wieder aufgenommen?

Nach kurzer Zeit kam ich an unserem alten Treffpunkt an, zum ersten Mal seit der Trennung von Johnny. Ich war total nervös.

Ich stellte mein Rad draußen ab und blieb im Eingang stehen. Die Halle war tatsächlich leer. Bis auf Vincent. Es war noch ziemlich früh. Viel zu früh für Johnny und seine Heinis. Sie mussten immer lange schlafen, um ihre leeren Gehirne wieder mit Vakuum zu füllen.

Ich schaute Vincent eine Weile zu. Er war nicht gut drauf, das sah ich auf Anhieb. Er fuhr wie ein Anfänger und wackelte bei jeder Landung, kaum fähig sein Gleichgewicht zu halten. Nach jedem Sturz trat er wütend gegen sein Rad und fluchte. So hatte ich ihn noch nie gesehen.

Schließlich betrat ich die Halle und ging langsam auf ihn zu. Als er mich sah, hielt er überrascht an. Ich blieb vor ihm stehen. Einen Moment lang sagte keiner etwas. Ich war hin und her gerissen zwischen meinem Zorn auf ihn wegen der Halfpipe-Ruine und meinen Gefühlen für ihn. Dann fragte ich leise: „Why did you do that, Vincent?“

Er schaute verschämt zu Boden, kreidebleich, und grub mit seinem Fuß ein Loch in den Staub.

„I … I“, stotterte er schuldbewusst. „I just didn’t want to train with you.“

„But you didn’t have to do *that*!“

Er konnte mir nicht in die Augen schauen.

„I’m sorry.“ Er gab es also zu. Einfach so. I’m sorry – und fertig. Ich war richtig sauer auf ihn.

„Why did you have to destroy the halfpipe?“

Er schaute überrascht hoch. Er sah völlig perplex aus.

„Destroy the halfpipe?“

„Yes. I don’t understand why you did it …“

„Huh?“

„You just said you’re sorry. So why did you do it?“

„I was … I was talking about not coming to the building site like I promised“, sagte Vincent verblüfft.

Ich hielt die Baseballkappe hoch. „We found this next to the bulldozer.“

„What bulldozer? I don’t understand! What are you talking about?“, fragte Vincent verzweifelt. Er starrte seine Kappe an und schüttelte verwirrt den Kopf. „I haven't been to the building site since we last trained there."

„Really?"

„Yes, of course. *Ehrenwort*!"

Ich glaubte ihm sofort. Das war einfach so ein Gefühl: Er lügt nicht. Seine Reaktion war nicht gespielt, sie war echt, keine Frage. Aber wenn nicht *er* die Halfpipe in seiner Wut zerstört hatte, wer dann?

„Na, da seid ihr ja, ihr Süßen!", kam eine mir bekannte Stimme plötzlich aus dem Nichts.

Johnny!

Vincent schaute erschrocken in die Richtung, aus der die Stimme kam. Ich erstarrte. Ausgerechnet jetzt! Johnny schob sein Rad in die Halle und grinste uns breit an.

„Hello, Vincent, I see you've been making new friends", sagte er spöttisch und deutete mit dem Kopf auf mich.

Vincent senkte den Blick und sagte nichts. Wir standen beide da wie versteinert. Johnny kam auf uns zu und schüttelte verächtlich den Kopf.

„Wie siehst du denn aus?!", sagte er selbstgefällig und musterte mich von Kopf bis Fuß. „Du willst doch nicht etwa behaupten, dass du ein Junge bist?"

„Sag nichts, ich warne dich …“ Innerlich zitterte ich, aber meine Stimme war klar und ruhig. Wenn irgendjemand Vincent die Wahrheit sagen würde, dann ich.

„Unser irischer Gast hier ist dir völlig auf den Leim gegangen, nicht wahr? Dann klappt’s doch offensichtlich mit dem Kerlspielen“, fuhr Johnny fort. „Aber was ich nicht verstehe: Warum soll ich Vincent nichts sagen? Oder jemand anderem vielleicht? Zum Beispiel den Masters-Organisatoren?“

Angriff ist die beste Verteidigung, habe ich irgendwo gehört. Das umzusetzen ist aber leider nicht immer einfach. Zum Glück fiel mir etwas ein.

„Wegen des Überwachungsvideos“, sagte ich aus der Not heraus.

„Überwachungsvideo?“, fragte Johnny ungläubig. „Was für ein Überwachungsvideo?“

„Von der Baustelle“, bluffte ich. „Du hast meine Halfpipe zerstört. Ich habe alles gesehen.“ Ich versuchte dabei, Johnny direkt in die Augen zu schauen. Er wirkte plötzlich sehr verunsichert.

„Es … es gab eine Überwachungskamera?“, kiekste er wie ein Mädchen. Er konnte seine Verblüffung nicht verbergen.

„Ja. Habt ihr etwa die Kameras nicht gesehen?“ Vermutlich war Nik auch dabei gewesen. Johnny würde so was nie alleine machen. „Ihr seid eindeutig zu erkennen.“

Johnny stockte kurz. Dann schlüpfte er wieder in die Rolle des Coolen und winkte verächtlich ab. „Du bluffst“, sagte er.

„Ich bluffe nie“, bluffte ich.

Johnny durchbohrte mich mit seinem Blick. Ich war eiskalt, obwohl mein Herz bebte. Jetzt hieß es: ganz oder gar nicht.

Er tappte in die Falle.

Johnny war stinksauer. Er kam einen Schritt auf mich zu und zischte mich an: „Und? Was willst du?“

„Du wirst die Klappe halten“, sagte ich, erleichtert, dass ich die Situation wieder im Griff hatte. „Kein Wort zu unserem Freund hier, kein Wort zu den Masters-Organisatoren. *Silencio*. Sonst kriegt die Polizei das Beweisstück.“

Johnny starrte mich mit großen Augen an. „Das ist Erpressung!“

„Nein, das ist ein Versprechen, Süßer!“

Johnny ließ sich meinen – ich möchte es *Vorschlag* nennen – kurz durch den Kopf gehen, dann lachte er laut und verächtlich. Er wandte sich zu Vincent und klopfte ihm kumpelhaft auf die Schulter. Vincent zuckte zusammen, als ob er aus einem Traum erwachen würde.

„You know, me and your friend here, we have a few problems“, meinte Johnny zu ihm.

Bevor sich Johnny verplappern konnte, unterbrach ich ihn. „Ich habe Vincent erzählt, dass ich deine Ex abgeschleppt habe.“ Ich konnte mir ein Grinsen nicht verkneifen. „Anna!“

Johnny lachte noch mal. „Anna?! Mann, du hast echt eine wilde Phantasie.“

„Du auch, wenn du denkst, du kannst meine Halfpipe zerstören und heil davonkommen.“

Johnnys Grinsen verschwand blitzartig. Wenn ich wirklich ein Junge gewesen wäre, dann hätte er mir jetzt bestimmt die Fresse poliert. Es hat manchmal schon Vorteile, ein Mädchen zu sein.

Vincent meldete sich: „Look, I don't know what you two are talking about“, sagte er zu Johnny, „but I need to train. There isn't much time until the Masters.“

Johnny warf Vincent einen Blick zu, der so viel hieß wie: Jetzt machst du mir auch noch Stress, oder was? Aber wie so oft bei Johnny beherrschte er sich und wandelte sich chamäleonartig. Er legte den Arm um Vincents Schulter und strahlte mich triumphierend an.

„You heard the man“, sagte Johnny zu mir. „Vincent and I need to train. You must go and play somewhere else.“

Volle Punktzahl für Johnny! Ich wusste genau, was er vorhatte. Es war exakt wie vor vier Wochen, als er die Jungs aus seiner BMX-Clique gegen mich aufgehetzt hat.

„O. k., ich gehe“, gab ich mich geschlagen. „See you on Saturday, Vincent. Good luck.“

Vincent sagte nichts. Ihm war die ganze Situation offensichtlich extrem unangenehm. Aber ich hoffte trotzdem innig, dass er mir folgen würde.

„Na, dann bis später, Kleine“, grinste Johnny selbstgefällig. „Wie man auf Englisch sagt: May the best man win! Come on, Vincent, let's ride!“

Es hatte keinen Sinn, mit Johnny zu streiten. Ich dachte nur: Morgen fangen die Masters an, einfach durchhalten, danach kann alles anders sein.

Ohne noch einen Ton zu sagen, verließ ich die Halle. Kurz bevor ich nach draußen ging, blieb ich stehen. Ich sah über die Schulter zu Vincent. Auch er schaute mir nach. Er sah traurig aus. Vielleicht wollte er doch lieber mit mir trainieren, aber ich sagte nichts. Das musste ganz allein er entscheiden.

Dann wandte ich mich wieder zum Ausgang, stieg auf mein Rad und fuhr auf die Straße. Das war das letzte Mal, dass ich Vincent sah.

Blown away

"Do you think Johnny followed you to the BMX hall?" asks Greg.

"Of course! He wanted to find out what was going on. And then he found me with Chris ..."

"The guy who 'stole' his ex-girlfriend," remembers Greg.

"Exactly. It was really **awful**[1] when the three of us were alone in the BMX hall. I was scared that Chris was going to say something about the kiss to Johnny ..."

"But he didn't?" asks Greg.

"No, nothing happened. Johnny just threw Chris out of the hall, and he and I started riding together. I did my best to **bury**[2] my feelings and train with Johnny, but I couldn't concentrate at all. Johnny was being really nice to me

[1] awful – furchtbar
[2] to bury – begraben

again – **exceptionally**[1] nice, in fact. He kept saying things like, 'Don't worry, Vincent, I just know you'll win Silver this year' and 'You're guaranteed second or third place'. I didn't ask him why he thought I could only win Silver and not Gold. It was obvious: He thought he was going to be Number One. – Then on the way home Johnny started talking about himself. He told me about how he **split up with**[2] Anna. He spoke really openly and was very personal. He said how much he loved her, how **devastated**[3] he was when Chris took her away from him, how he couldn't understand what she saw in Chris. He said he could never **forgive**[4] Chris for that."

"He's right."

"Yeah, I know. Only I didn't think Chris was that kind of guy – at least, not before we … you know … before we … kissed. And then Johnny started telling me all these things, and I started to think, 'Yeah, maybe he's right. Maybe Chris is just the biggest **arsehole**[5] in town'."

[1] exceptionally – außergewöhnlich
[2] to split up with sb – sich von jmdm. trennen
[3] devastated – völlig am Boden zerstört
[4] to forgive – verzeihen
[5] arsehole – Arschloch

"A girlfriend-**thief**[1] and a boy-kisser," suggests Greg.

"Exactly. I even started to think that he might have kissed me just to **ruin**[2] my chances at the Masters."

"Emotional sabotage? That's **original**[3]."

"Well, why not? I mean, it worked, didn't it? I'm going home now, aren't I?"

"But why was Johnny telling you all these personal things, all of a sudden? It sounds a bit strange to me."

"I don't know. I think he just wanted to **make up**[4] before the Masters."

"**Guilty conscience**[5]."

"Something like that. Anyway, it was a good feeling to know that he and I were on the same side against Chris."

"An Irish-German alliance against the **evil enemy**[6] …"

"Or at least a friend. And then I really wanted to tell him about what happened with Chris … about the kiss."

[1] thief – Dieb
[2] to ruin – verderben
[3] original – originell
[4] to make up – sich versöhnen
[5] guilty conscience – schlechtes Gewissen
[6] evil enemy – böser Feind

"You didn't tell him, did you?"

It's hard to admit it, but I promised myself I would tell Greg the truth. "Yes I did. I told him about the training, about the friendship with Chris, about the **fair**[1] … and about the kiss."

Greg **groans**[2] on the other end of the line. "Oh no. You **plonker**[3]! What did you do that for?"

"I really wanted to talk to someone about it – someone I could look in the eyes, not someone on the phone."

"I can't believe it! How did he **react**[4] when you told him about the kiss?"

"It was so strange … he didn't react at all … at least, not at first. He just didn't say a word."

"He wasn't surprised?"

"No. He was angry."

"Angry?"

"He went into my room and started putting my clothes into my rucksack."

"He **threw**[5] you out of his house?!"

"It was crazy! I didn't know what was going on. Like I said, he didn't say a single word. I fol-

[1] fair – Kirmes
[2] to groan – stöhnen
[3] plonker – Blödmann
[4] to react – reagieren
[5] to throw – werfen

lowed him into my room and saw him packing. I asked him what was going on, but he didn't even look at me. He looked like he was about to **explode**[1]. He was absolutely **livid**[2]. He was throwing my clothes into my rucksack. I couldn't believe my eyes. 'What are you doing?' I asked. Then he held out my rucksack to me in one hand and the rest of my clothes in the other and said, 'Here! Take this! Pack your things and leave! I don't want you in my house! Get out of here!'"

"That's unbelievable. What is his problem?"

"I was completely **blown away**[3]. But before I could say anything, Johnny dropped the bag and clothes at my feet and **pushed past**[4] me. 'And don't come back!' he said. He stormed out of my room. A few seconds later, I heard the front door **slam**[5]. That was the last time I saw him ..."

[1] to explode – explodieren
[2] livid – wütend
[3] blown away – umgehauen
[4] to push past – vorbeidrängen
[5] to slam – knallen

Niedergeschmettert

Ich wusste nicht, wohin mit mir. Es war ein wunderschöner Sommertag mit einer leichten Brise und einem klaren blauen Himmel, aber ich konnte nirgendwo trainieren. Ich fuhr ein bisschen *Street*, aber es langweilte mich ziemlich schnell. Wie immer in den letzten Tagen dachte ich nur an Vincent.

Ich spielte in meinen Gedanken durch, wie ich ihm nach den Masters die Wahrheit erzählen würde. Ich stellte mir vor, wie er mich dann in die Arme nehmen würde, wie wir uns küssten, dass wir danach zusammen sein würden. Ich freute mich jetzt riesig auf den Wettbewerb, nicht nur wegen der Möglichkeit, Johnny zu schlagen, sondern auch weil ich bald wieder ein Mädchen sein konnte.

Nach einer Weile ging ich nach Hause. Ohne Halfpipe machte BMX nur halb so viel Spaß. Als ich gerade mein Rad in der Garage abstellen wollte, hörte ich ein lautes Quietschen hinter mir. Ich drehte mich schlagartig um und sah, wie Johnny aus heiterem Himmel die Auffahrt hinaufraste. Er war in Schweiß gebadet und sein Gesicht war knallrot. Er war auf hundertachtzig, sprang von seinem Rad, schmiss es zu Boden und stürmte auf mich zu.

„Du … du … du Schlampe, du!“, brüllte er mich an.

Ich dachte, ich höre nicht richtig. Hat er mich gerade *Schlampe* genannt? Hat er Drogen genommen oder was?

„Wie konntest du das machen?“

Er kam schnaufend auf mich zu, als ob er mir diesmal tatsächlich eine runterhauen wollte, aber ich blieb einfach in der offenen Garage stehen. Er stoppte so nahe vor mir, dass wir fast Nase an Nase standen.

„Ich sag dir eins“, zischte er voller Wut und tippte mir aufgebracht mit dem Finger auf die Brust. „Die Masters kannst du vergessen! Mir ist es scheißegal, wem du das Überwachungsvideo gibst. Wenn du es wagst, am Samstag bei den Masters deine kleine Barbiepuppen-Nase zu zeigen, dann kriegt die Jury Bescheid.“

Er wischte sich den Schweiß von der Oberlippe und drehte sich wutentbrannt um. Ich stand nach dem orkanmäßigen Auftritt unter Schock und war völlig erschlagen. Johnny stampfte ein paar Schritte zum Zaun und trat heftig dagegen.

„Mann eh. Der Penner“, stöhnte er. „Was

findest du überhaupt an ihm? Das ist doch voll der Loser."

„Wo ist er?", wollte ich sofort wissen.

Johnny fuhr herum und fauchte mich an: „Was geht dich das an?"

„Ich will mit ihm sprechen."

Johnny lachte höhnisch. „Ja, von Mann zu Mann, nicht wahr?!"

„Na ja, jetzt weiß er Bescheid, oder?", meinte ich nur.

„Du hast doch gesagt, ich soll die Klappe halten, oder nicht?", schnauzte er mich an und schloss einen imaginären Reißverschluss zwischen seinen Lippen. Er war völlig durchgedreht.

Sämtliche Alarmglocken läuteten bei mir. Ich verstand nur Bahnhof. Warum hatte Johnny ihm nichts gesagt?

„Du hast ihm doch erzählt, dass ich ein Mädchen bin, oder nicht?"

„Der Typ ist völlig neben der Kappe", meinte Johnny und grinste schadenfroh. „Du hast ihn echt aus den Socken gehauen!"

Dann war mir auf einmal klar: Johnny hat Vincent extra nichts erzählt, um die Sache noch schlimmer für ihn zu machen. Ja, das traute ich Johnny durchaus zu.

„Was hast du ihm dann gesagt?“, fragte ich.

„Nichts.“

„Ich glaube dir kein Wort!“, entgegnete ich. „Irgendwas musst du gesagt haben!“

Johnny reckte mir das Gesicht entgegen und knurrte genussvoll: „Ich habe ihm gesagt, er soll verschwinden.“

„Was? Er ist weg?“

„Er ist abgehauen. Nach Hause. Nach Dublin. Zack! Weg!“ Johnny grinste von einem Ohr zum anderen und schaute zur Decke hoch.

Das jagte mir einen kalten Schauer den Rücken hinunter. Vincent war nach Hause gefahren? Nach Irland? Das war das Ende.

„Nach Hause? W-wieso?“, stotterte ich. Ich konnte es nicht fassen.

Johnnys Lächeln verzerrte sich zu einer Grimasse. Er schaute mich an und zischte leise: „Weil er dich ekelig findet.“

Das Blut in meinen Adern gefror. Mir wurde schlagartig kalt. Ich fühlte mich hohl und leblos. Vincent war weg? Wegen mir?

„Blickst du’s immer noch nicht?“, setzte Johnny noch einen drauf. „Für Vincent bist du das Ekeligste, was es überhaupt gibt. Er will dich nie wieder sehen, weil du ihn so anekelst. Kapierst du ’s jetzt?“

Mein Magen drehte sich wie eine Betonmischmaschine. Mir wurde schwindelig. Ich bekam keine Luft. Ich dachte, ich müsste mich übergeben.

Ich torkelte auf der Suche nach einem festen Halt. Meine Knochen wurden zu Gummi. Ich setzte mich in einen alten zerfledderten Sessel neben der Garagentür.

Ich konnte nicht mehr.

Für einen kurzen Augenblick war alles still. Ich vergrub mein Gesicht in den Händen und wollte heulen, aber nicht vor Johnny. Auf keinen Fall. Ich kämpfte gegen die Tränen an. Johnny sollte einfach verschwinden. Sich von der Bildfläche machen. Mich in Ruhe lassen. Aber ich war so fertig, dass ich ihm nicht mal das sagen konnte.

Dann hörte ich, wie er sein Rad vom Boden aufhob und es in meine Richtung schob. Er blieb vor mir stehen.

„Willst du mir nicht Glück für Samstag wünschen?“, flüsterte er mir zu.

Ich schaute nicht hoch. Mein Gesicht blieb in meine Hände vergraben und ich bewegte mich nicht mal einen Millimeter. Ich würdigte den Drecksack keines Blickes.

Er wartete eine Sekunde, aber mein Glückwunsch kam nicht. Dann sagte er leise: „Vergiss ihn, Tine. Er war sowieso nichts für dich."

Dann drehte er sich um und verschwand.

Ich konnte mich nicht mehr beherrschen. Ich fühlte mich wie jemand, der oben auf einer Halfpipe-Plattform steht und nach unten schaut – aber unten ist nichts. Leere ohne Ende. Und ich stürze hinein. Je höher der Aufstieg, desto tiefer der Fall. Nun fing ich doch an zu weinen.

"So that's why you're coming home?" asks Greg.

"Yeah, of course. As soon as Johnny had gone, I took my bags and left. What else was I supposed to do? Wait until Johnny came home and talk things through with him? I mean, he made me feel like the biggest **pile**[1] of dog shit in the world. Whatever I'd done, it wasn't *that* bad. I just don't know what his problem is …"

"Maybe he's in love with Chris and not Anna."

"In love with Chris?! Johnny?! No way. That's a **ridiculous**[2] idea!"

"Why else would he react like that?"

"I don't know. Maybe he's homophobic."

"Homo-what?!" cries Greg.

"Homophobic. You know, he has a problem with gay people."

"Well, if that's his problem, then he should go and see a doctor … about his head," says Greg. "But I don't think it's that. It sounds like he was jealous."

[1] pile – Haufen
[2] ridiculous – lächerlich

"That can't be."

"Anyway," continues Greg. "That was this morning. And then you left Johnny's house and came **straight**[1] to the airport?"

"Yeah. But on the way to the train station I heard someone call my name."

"Chris?"

"No, it was Mona."

"Was that the Heidi Klum girl or Claudia Schiffer?"

"A bit of both, really. And I'm telling you, this morning she was looking fantastic! She was wearing a **bright red**[2] summer dress that was about the size of a **handkerchief**[3]. All I could see was **skin**[4] – lots and lots of amazing, olive-brown, suntanned skin. She had a **neckline**[5] that was so **low**[6] it was almost touching the ground."

"But you managed to look her in the face, right?"

"I did my best. Anyway, she looked at me like she wanted to kill me."

[1] straight – direkt
[2] bright red – knallrot
[3] handkerchief – Taschentuch
[4] skin – Haut
[5] neckline – Ausschnitt
[6] low – tief, niedrig

“Her **as well**[1]?”

“She wanted to know why I didn’t call her after the party.”

“Oh, yeah. You’d promised to call, right?” Then Greg sounds confused, all of a sudden. ”So why *didn’t* you call?”

“I forgot. I was too busy with Chris and training. I felt really bad about it, but I couldn’t change that now. I told her I was sorry. ‘*Typisch* boy!’ she said, rolling her eyes and looking very sexy. Then I suddenly realised: Mona was the answer to my problem.”

“You kissed her?”

“No, but I wanted to kiss her. And I needed a place to stay. So I told her that I’d had an argument with Johnny and that he’d thrown me out of his house. I asked if I could stay at her house for the next four nights …”

“… lying in Mona’s red bed, looking at her red walls, and **catching the** occasional **glimpse of**[2] her red **underwear**[3] …”

“But she just looked at me with wide open eyes and shook her head **in disbelief**[4]. ‘Das kann nicht wahr sein!’”

[1] as well – auch
[2] to catch a glimpse of sth – von etwas einen Blick erhaschen
[3] underwear – Unterwäsche
[4] in disbelief – ungläubig

"Which means?"

"*That can't be true*. 'Is that Irish humour, or what?' she said. 'You promise to call me, and I don't hear from you for a week, and then you ask if you can stay at my house? What kind of a girl do you think I am?'"

"She's **got a point there**[1]. You could have **mentioned**[2] the red underwear though."

"But before I could say anything, she turned around on her **high-heeled shoes**[3] and walked off without even saying goodbye. I felt about the size of a **mushroom**[4]. An old mushroom that has **shrunk**[5] to half its size. And been **stepped on**[6] by the entire **population**[7] of Germany. Not even Mona would take me in to her house. It was obvious: I wasn't wanted here"

"I understand how you feel," says Greg thoughtfully.

"So then I caught the train to the airport and now I'm here. Ready to leave."

[1] she's got a point there – irgendwie hat sie Recht
[2] to mention – erwähnen
[3] high-heeled shoes – Stöckelschuhe
[4] mushroom – Pilz
[5] to shrink – schrumpfen
[6] to step on – drauftreten
[7] population – Bevölkerung

Ausstieg

Da bin ich jetzt, in meinem Zimmer, alleine und kaputt wie ein Rad ohne Gangschaltung. Ohne Räder. Und der Lenker ist verdreht. All das ist über die letzten vier Wochen passiert und ich bin am Ende meiner Kraft. Keine BMXMasters mehr. Kein Vincent. Ich weiß nicht, wie es weitergehen soll.

Ich habe so viel geweint letzte Nacht, dass ich Augen wie ein Frosch habe. Marilyn Manson ist nichts gegen mich mit diesen Augenringen. Nur – meine sind echt. Mit ein bisschen Schminke überdecke ich sie.

Ja, es hat viele Vorteile, ein Mädchen zu sein. Schminke ist so einer. Da kannst du dich mit ein paar Pinselstrichen in null Komma nichts frisch machen. Wimperntusche, Lidschatten, Lipgloss und ein Klecks Rouge, und keiner kriegt was mit. Ich zaubere mir eine Maske und trau mich in die Außenwelt.

„Komm jetzt, Tine. Es gibt Abendessen!" Mein Bruder klopft an meine Tür. Zumindest ihn habe ich noch. Und Anna. Als ich gestern nach Hause gekommen bin, haben die beiden auf dem Sofa geknutscht. Eigentlich bin ich froh darüber, dass sie endlich zusammengekommen sind, aber gestern konnte ich den Anblick einfach nicht ertragen. Ich habe mich sofort in mein Zimmer verkrochen.

„Was gibt's denn?", frage ich meinen Bruder aus meinem abgeschlossenen Zimmer heraus.

„Dein Lieblingsgericht", sagt Benno. „Raclette."

Mein Magen grollt wie eine tief fliegende Boeing 747. Ich halte es nicht mehr aus. Nach Stunden selbst verordneten Zimmerarrests muss ich was essen.

Draußen ruft Benno in die Küche: „Chris will nichts essen, Papa. Ich nehme ihre Portion!"

Hey! Das gibt's doch nicht! Katastrophe hin oder her, das Wasser läuft mir schon im Mund zusammen. In null Komma nichts bin ich aus meinem Zimmer und rase die Treppen nach unten.

„Na, endlich, da bist du ja!", sagt mein Vater fröhlich. Klar macht er auf gute Laune. Er will mich aufheitern. „Hast du ein bisschen Appetit mitgebracht?"

Das kannst du laut sagen. Alleine der Geruch des geschmolzenen Käses macht mich verrückt.

„Du hast dich hübsch gemacht, wie schön", kommentiert meine Mutter meine Schminkversuche. So gefalle ich ihr am besten: ihr kleines Mädchen. Sie macht ihr *Ich-weiß-die-Pubertät-ist-schwer*-Gesicht, aber ich will ihr Mitleid nicht.

Als ich mich hinsetze, legt sie ihre Hand auf meinen Unterarm und drückt ihn sanft. „Benno hat uns alles erzählt. Es tut uns wirklich Leid", sagt sie.

Ich grunze etwas, das heißen soll: Ist doch egal, gib mir einfach was zu essen, und zwar schnell. Ich bin nicht der Typ für Magersucht. Aber allein meine Gedanken in den letzten Stunden haben schon fünftausend Kalorien verbrannt. Jetzt heißt es essen oder dahinwelken.

„Aber vielleicht“, fügt meine Mutter vorsichtig hinzu, „ist diese BMX-Szene wirklich nichts für Mädchen.“

Nicht das schon wieder! Wie oft habe ich dieses Argument von ihr und Papa gehört? Aber vielleicht hat sie Recht. Vielleicht gibt es wirklich Dinge, die man als Mädchen nicht machen sollte. Nicht machen kann. Vielleicht wäre mein Leben einfacher, wenn ich ein stinknormales Mädchen wäre. Schuhe kaufen macht auch Spaß. Bestimmt.

„Mama!“, bittet Benno leise und senkt dabei verlegen den Kopf.

Meine Mutter meint es nicht böse. Sie schnallt halt nichts. Normalerweise würde ich ihr nie erlauben, mit so einer Bemerkung lebendig davonzukommen, aber ich habe nicht die Energie, es so zu erklären, dass auch sie es versteht.

„Es geht los!“, sagt Papa und bringt den geschmolzenen Käse. Der Geruch ist ein Traum. Meine Sinne laufen Amok.

„Danke, Papa, du bist der Beste!“

Ich nehme mein Besteck in die Hand und mache mich auf das bevorstehende Ge-

schmackserlebnis gefasst. Ich atme tief durch und schließe meine Augen. Plötzlich sehe ich Vincents Gesicht vor mir. Er sitzt auf dem Trampolin unter dem Sternenhimmel und lacht. Schon wieder! Es gibt kaum eine Sekunde, in der ich nicht an ihn denke. Ich muss nur blinzeln und sein Bild erscheint vor mir. Es ist immer wieder der Kuss, dieser kurze Augenblick, der alles zerstört hat.

So kann es nicht weitergehen. Es tut unerträglich weh. Vincent verfolgt mich, ununterbrochen. Ich gehe daran zugrunde. Nein, ich muss was tun, und als ich die erste Pellkartoffel mit Käse zum Mund führe, weiß ich auf einmal, was. Ich möchte dieses Kapitel abschließen. Endgültig. Für immer.

Rock-bottom

"But you can't leave Germany now!" says Greg after I've come to the end of my story. "You have to stay!"

"No way!" That's out of the question.

I want to end this **chapter**[1] of my life. I want it over, finished, forgotten. I'm **at rock-bottom**[2], and I want to get out of here. I'm going back to Dublin. Just the thought of home makes me feel better.

"But what about the Masters?" Greg persists. "You've done all that training. You've worked really hard. You can't just throw all that away."

Oh yes, I can. Just watch me.

"Greg, you don't understand. To ride good, you have to feel good ..." – I can almost hear

[1] chapter – Kapitel
[2] to be at rock-bottom – am Boden zerstört sein

Chris' voice in my head – "… and that's the problem: I don't feel good – I feel terrible."

"Then stop feeling terrible!" he almost shouts down the phone. "What is there to feel bad about? All you did is kiss somebody."

"I didn't just kiss *anybody*, Greg. I kissed a *boy*!"

"**So what?**[1]"

"What do you mean, *so what*? It's a disaster!"

"No, it's not, Vincent. You're just being stupid. Can't you see what you're doing? You're throwing away your dream just because you're paranoid about what people think about you! **Who cares**[2] what people think about you? You're Vincent – **plain**[3], old Vincent Jones – and you'll always be Vincent, whoever you kiss in the future."

Silence. He's got a point there.

"Just think how Chris is feeling at the moment," Greg continues. "I mean, he didn't plan it, either. You can't **blame**[4] him. And you can't blame yourself. Just **put it down**[5] to **experi-**

[1] so what? – na und?
[2] who cares …? – wen interessiert das schon …?
[3] plain – einfach
[4] to blame sb – jmdm. die Schuld geben
[5] to put sth down to sth – etwas einer Sache zuschreiben

ence[1]. There's nothing to be ashamed of. Nothing at all."

A **deafening**[2] announcement comes over the tannoy system. "All passengers for the Aerlingus Flight 327 to Dublin please proceed to gate 52. Thank you ..."

"I have to go," I say to Greg.

"Don't go. Stay in Cologne. Go to the Masters tomorrow!"

I can't. Even if there's nothing I want more in the world than to ride at the Masters tomorrow, I just *can't.*

"Listen, mate," says Greg, trying his best to be funny and make a **joke**[3] about the situation. "If I hear you've come home this evening, I'll be round at your house in five minutes and I'll **punch**[4] you right in the face. Then you'll have *two* black eyes instead of one ... And then no one will want to kiss you – whether they're a boy or a girl!"

Greg laughs. But I don't. There's nothing to laugh about. This situation is just not funny.

"See you later, Greg."

"Vincent ...!"

[1] experience – Erfahrung
[2] deafening – ohrenbetäubend
[3] joke – Witz
[4] to punch – schlagen (mit der Faust)

I **hang up**[1]. I can see the passengers walking towards the passport control. It's time to say goodbye to good old *Deutschland*.

Kapitulation

„Wo willst du so spät hin?"

Meine Mutter hat mich gehört, als ich heimlich das Haus verlassen will. Natürlich hat sie mich gehört. Meine Eltern haben gerade ihre Antennen auf extrastarkem Empfang.

„Ich muss kurz was erledigen", erkläre ich schnell.

„Um zehn Uhr abends?", fragt sie verwundert.

Draußen ist es fast dunkel, aber es geht nur jetzt oder nie.

„Ich bin gleich wieder da, Mama. Mach dir keine Sorgen."

Aber meine Mutter macht sich offensichtlich doch Sorgen. Ich finde das eigentlich gut. Besser so als umgekehrt. Doch sie muss mich jetzt

[1] to hang up – auflegen

gehen lassen, egal wie besorgt sie ist. Ich will ihr keine Szene machen. Ich könnte ihr auch gar keine Szene machen, denn trotz des leckeren Abendessens fühle ich mich immer noch wie ein Schluck Wasser in der Kurve.

Ich warte und sage nichts und bin erleichtert, als sie mir endlich langsam zunickt und ich das Haus verlassen kann. Ich gehe in die Garage und schnappe mein BMX. Oder soll ich sagen, Johnnys BMX? Auf jeden Fall das Rad, das er mir am Anfang meiner kurzen BMX-Karriere geschenkt hat. Das Rad, mit dem ich fast ein Jahr gefahren bin, hoch und runter, hoch und runter, immer wieder. Das Rad, das auch mittlerweile ein Teil von mir geworden ist.

Und jetzt geht's zu Johnny. BMX ist für mich vorbei. Ich will einen Strich darunter ziehen. Verlieren ist verlieren und Vergangenheit ist Vergangenheit.

Ich fahre durch die Nacht. Der Himmel ist von einem hellen Mond beleuchtet und die Straßen sind leer. Wenige Minuten später komme ich bei Johnny an. Ich klingele und warte auf meinem Rad vor der Haustür.

Jetzt rast mein Herz nicht mehr. Ich bin völlig ruhig und frei von Gefühlen. Ich weiß, was jetzt passieren muss, und ich werde es zu Ende bringen. Eine rein mechanische Sache. Ich fühle mich wie in Trance.

Johnny macht die Tür auf und blinzelt nicht mal mit den Augen, als er mich sieht. Das ist echt seine Spezialität: immer cool bleiben, egal was kommt. Er sagt nur ganz lässig und sanft: „Hi, Tine, was machst du denn hier?“

Klar kann er jetzt ruhig und freundlich sein. Er weiß, dass er gewonnen hat. Für ihn läuft alles rund.

„Willst du reinkommen?“, fragt er nach einer kurzen Pause und tritt einen Schritt zur Seite, sodass ich in das Haus gehen kann.

Auf einmal bemerke ich ein komisches Gefühl in mir, das meinen Trancezustand zu stören droht. Plötzlich denke ich: *Ja, warum nicht?* Ich könnte jetzt in Johnnys Haus gehen und alles wird wie früher. Wir können auf dem Sofa sitzen und die Glotze anmachen und er kann den Arm um meine Schulter legen. Wir können über die Tricks reden, die er morgen ausprobieren will. Wir können auf seinem Bett liegen und er kann mit seinen Fingern durch mein Haar fahren. Eigentlich könnte einfach alles so weitergehen, wie es vorher war. Zumindest würde ich dann nicht alleine sein.

Ich schüttele den Kopf. Ich will nicht, dass

Johnny mich tröstet. Ich will nicht, dass irgendjemand mich tröstet.

Johnny scheint meine innere Unentschiedenheit zu bemerken. „Bist du sicher?“, fragt er eindringlich.

„Ich will gleich wieder nach Hause“, sage ich entschlossen. „Ich wollte dir nur was geben.“

Johnny zieht seine blonden Augenbrauen hoch und schaut mich neugierig an. „Was geben? Ich hab doch nicht Geburtstag.“

Er lacht, aber ich lasse mich nicht ablenken. Ich nehme das Rad am Lenker und schiebe es nach vorne.

„Hier“, biete ich es Johnny an. „Du kannst es wiederhaben.“

Johnny runzelt die Stirn und stockt kurz. Dann hält er mir die Handflächen abwehrend entgegen und sagt: „Es ist o. k., Tine. Kannste behalten.“

Aber ich will es nicht behalten. Ich schiebe das Rad noch ein bisschen weiter zu ihm.

„Nee. Es gehört dir“, sage ich nachdrücklich.

Johnny lacht nervös. Die hochgehobenen Handflächen schwanken unsicher in der Luft. „Nein, wirklich Tine. Ich schenke es dir. Ist doch o. k.!“

Es gefällt mir nicht, dass Johnny mir etwas schenken will. Ich will nichts von ihm. Gar nichts. Langsam werde ich sauer.

Ich schiebe das Rad weiter nach vorne, bis das Vorderrad gegen Johnnys Schienbein stößt. Er zuckt zusammen.

Für einen Moment sieht es aus, als ob er noch etwas dagegen sagen will, aber dann entscheidet er sich anders. Stattdessen greift er zum Lenker und hält das Rad fest.

„O. k., Tine, wenn du es so willst. Aber ich mach dir einen Vorschlag: Ich besorge dir ein besseres. Dann können wir wieder zusammen fahren. So wie früher. Nur schöner."

Das komische Gefühl kommt wieder in mir hoch. *Ja, so wie früher.* Ich verstehe es nicht. Es macht mir Angst. Ich versuche es zu unterdrücken.

„Ich will dich nie wieder sehen", sage ich, aber ich höre die Verzweiflung in meiner eigenen Stimme. Meine Worte erinnern mich plötzlich an Vincent. Hat er nicht genau dasselbe zu mir gesagt?

Auf einmal lässt Johnny den Lenker los und kommt einen Schritt auf mich zu. Meine Hand liegt noch auf dem Sattel und ich muss das Rad jetzt wieder festhalten.

„Tine, ich wollte dir sagen, dass es mir Leid tut“, sagt er sanft. Um uns herum ist die Nacht so still. Das einzige Geräusch ist Johnnys flüsternde Stimme. „Ich … ich war einfach … eifersüchtig.“

Ich spüre, wie Johnny mich anstarrt, aber ich kann seinen Blick nicht erwidern. Ich fühle mich zu schwach ihm in die Augen zu schauen. Wenn ich das tue, gehe ich unter. Ich richte meinen Blick auf den Lenker.

„Die Vorstellung, dass du die ganze Zeit mit Vincent trainiert hast“, fährt Johnny fort, „hat mich krank gemacht. Und dann … und dann hat er dich auch noch geküsst!“

Johnny ist jetzt so nah, dass er mich fast berührt. Ich kralle mich am Radsattel fest und stütze mich dagegen, sonst falle ich gleich um. Ich schaue nicht hoch.

„Vielleicht können wir es noch mal probieren“, flüstert er mir zu, sein Mund an meinem Ohr. „Tine, schau mal, ich habe es für dich behalten.“

Aus seiner Hosentasche zieht er die silberne Halskette mit dem kleinen BMX-Rad dran, die er mir mal geschenkt hat. Sie glänzt im Mondschein und schwingt hypnotisierend hin und her.

„Ich habe es immer bei mir“, sagt Johnny.

Ich will von der Halskette wegschauen, aber Johnnys Finger berühren leicht mein Kinn. Er hebt mein Gesicht. Ich schaue in seine endlos dunklen Augen.

„Darf ich dich küssen?“, flüstert er, aber ich antworte nicht. Ich habe das Gefühl, dass es keine Knochen mehr in meinem Körper gibt. Das Einzige, was mich auf den Beinen hält, ist das Fahrrad und Johnnys sanfte Hand unter meinem Kinn. Ohne auf meine Antwort zu warten, beugt sich Johnny langsam und ganz vorsichtig zu mir runter.

Als er seinen Kopf leicht zur Seite neigt, sehe ich plötzlich den Vollmond über seiner Schulter. Er hängt so tief am Himmel, dass er fast die Häuser zu berühren scheint. Er ist riesig groß und glänzt wie ein Edelstein.

Ich muss sofort an Vincents Worte denken: „Bei Vollmond kann man höher springen." Es war seine verrückte Theorie, warum wir den 900er nicht geschafft haben. Wegen des Mondes! Ich habe mich fast totgelacht, aber jetzt schwebt er da vor meinen Augen wie nie zuvor und ich frage mich, ob Vincent vielleicht Recht hatte.

Johnnys Gesicht ist jetzt so nah, dass ich seinen Atem spüren kann. Er kitzelt mich wach. Nein, das will ich nicht! Ich will nicht, dass Johnny mich küsst. Ich will jetzt nur eins: den 900er. Vielleicht könnte er noch wahr werden.

Ich schubse Johnny mit aller Kraft zurück und sage einfach: „Lass mich!" Er stolpert ein bisschen und stürzt fast über den Treppenabsatz. Aber er gewinnt das Gleichgewicht wieder und starrt mich völlig verdattert an.

Meine linke Hand greift jetzt automatisch zum Lenker meines Rades. Ich kann es nun doch nicht mehr zurückgeben. Ich muss ein letztes Mal den 900er probieren. Was ist, wenn Vincent Recht hat?

„Was ist los?“, fragt Johnny beleidigt. Jetzt kann ich seinen Blick erwidern. Ich schaue ihm in die Augen und fühle mich plötzlich wieder lebendig. Mein Herz schlägt. Das Blut pulsiert durch meine Adern. Ja, ich lebe noch!

„Danke fürs Geschenk“, sage ich zu Johnny, der immer noch sprachlos ist. „Hoffentlich bereust du 's nicht.“

Bevor er etwas dazu sagen kann, schiebe ich das Rad wieder zwischen meine Beine und trete in die Pedale. Ich rase den Gartenweg entlang und biege schwungvoll um die Ecke. Ich fahre Richtung Vollmond.

Last call

"Last call for passengers on the Aerlingus flight 327 to Dublin," says a voice over the tannoy system. "Boarding is about to close …"

I take one last look back at the airport lounge. A family – mum, dad and two boys – is having its photo taken under the *Welcome to Germany* sign. The two boys are about the same age as me and Shane. Shane! This was all his fault! But in two hours I'll be back with my family, and then it will all be over. Maybe someone will even take a photo of us standing under a *Welcome to Ireland* sign …

All of a sudden, someone starts shouting in the middle of the hall. "Hey! Pass mal auf! Hier ist Fahrrad fahren verboten!"

Two guys on BMX bikes are **zigzagging**[1] their way through the hall, laughing. They look Indian – at least, they're both wearing turbans. Wherever they come from, they're obviously here for the Masters.

The airport police are running after them, shouting at them, but the Indian guys just keep riding along and laughing **cheekily**[2]. Then they jump onto one of the **escalators**[3] and ride down the **handrail**[4]. It looks really cool. The airport police give up their **chase**[5] and **curse**[6] them, **out of breath**[7].

I join the end of the **queue**[8] of passengers. At

[1] to zigzag – zickzack fahren
[2] cheeky – frech
[3] escalator – Rolltreppe
[4] handrail – Handlauf (an Rolltreppen)
[5] chase – Verfolgungsjagd
[6] to curse sb – jmdn. verfluchen
[7] out of breath – außer Atem
[8] queue – Schlange

the security check an African couple kiss goodbye. The man has **tears**[1] in his eyes. The woman touches his face. I feel as sad as they look. Inside I'm crying, too.

A few minutes later … "Your boarding pass and passport, please," says the Irish stewardess at the boarding gate. It's so good to hear that **familiar**[2] accent. It's like being home already.

I reach into my back pocket to take out the boarding pass. Hallo, Dublin, here I come.

900 Grad

Es sieht total irre aus. Die Baustelle ist in ein weiches, silbernes Licht vom Vollmond getaucht. Ein paar Scheinwerfer beleuchten den Rohbau, die Bauhütte und die Überreste der Halfpipe. Es hat was Magisches an sich. Die metallischen Gerüstrohre ragen aus der Erde. Es sieht aus wie das Szenenbild eines Fantasyfilms. Die Bauhütte könnte ein gespenstisches Puppen-

[1] tear – Träne
[2] familiar – vertraut

haus sein. Die Halfpipe liegt noch da, halb zerstört, eine Masse aus verdrehten Brettern und Stangen, wie ein Tier, das im Sterben liegt.

Aber auf der anderen Seite der Halfpipe finde ich die Stelle, die vor zwei Tagen noch unzerstört war. Das Stück ist ungefähr einen Meter breit und scheint über die ganze Länge – von einer Plattform zur anderen – noch intakt zu sein. Aber es ist schmal. Sehr schmal.

Kein vernünftiger Mensch würde einen Trick auf diesem schmalen Brett versuchen. Das Risiko wäre zu groß. Wenn du darauf stürzt, landest du auf den abgerissenen Stangen, die aus dem zerstörten Teil der Halfpipe herausragen. Dann wirst du aufgespießt wie ein gegrilltes Hähnchen. Dann ist Schluss mit lustig.

Aber der Vollmond leuchtet am Nachthimmel und ich denke wieder an Vincent. Ich werde es für ihn tun – für uns – und ich werde es schaffen. Wenn er nur hier sein könnte …

Ich schwinge mein Rad über die Schulter und steige die Treppen im Rohbau zum ersten Stock hoch. Von oben sieht die befahrbare Strecke noch schmaler aus. Ich schaue ein weiteres Mal zum Mond. Er gibt mir Kraft. Bei diesem Vollmond kann nichts schief gehen. Ich muss mich nur 900 Grad in der Luft drehen.

Zweieinhalbmal im Kreis. Fünfmal im Halbkreis. Ohne Sicherheitsseil. Nur ich und die Luft. Jetzt will ich wissen, ob ich es schaffen kann.

Ich fahre los und baue mein Tempo auf. Ich schwinge auf der gewölbten Halfpipe wie ein Pendel. Bei jeder Plattform mache ich eine akkurate Drehung und fahre weiter. Mit mehr Tempo verwandelt sich die Drehung in einen Sprung über das ***Coping***[1] und zurück. Dabei drehe ich mich locker um 180 Grad, um wieder zu landen und mein Tempo weiter aufzubauen. Ich bin konzentriert wie nie zuvor. Ich spüre, dass ich es schaffen kann.

Dann bin ich so weit. Ich habe genug Tempo, hoffentlich auch genug Höhe, um die 900 Grad zu packen. Jetzt ist es nur noch eine Frage des Muts. Oder wie Benno sagen würde, eine Frage für Pythagoras. Eine letzte Drehung … und los …

Mit aller Kraft trete ich in die Pedale. Es wird nur einen Versuch geben, das weiß ich. Ich sause über die Halfpipe, schieße auf der anderen Seite hoch, starte in die Luft, drehe Körper und Rad. Ein Mal. Zwei Mal. Drei Mal. Vier

[1] coping – die Metallröhre an der Kante der Plattform (s. Glossar)

Mal. Fünf Mal. Und lande wieder auf der Halfpipe, wackele ein bisschen, aber stürze nicht. Das Adrenalin schießt durch meinen Körper. Es macht mich fast schwindelig. Für einen Augenblick fühle ich mich, als ob ich nicht mehr auf der Erde bin. Ich bin ganz woanders. Dann komme ich wieder zu mir und verstehe: Ich habe es geschafft! Den 900er! Mein Traum wurde wahr. Ich kann es kaum glauben. Ich könnte vor Freude schreien. Ein letztes Mal

drehe ich mich auf der Halfpipe um und recke die Faust in die Luft!

„Jjjjaaaaaaa!“

Aber mein Schrei wird von einem grollenden Donnerschlag verschluckt. Am Horizont leuchtet der Himmel und ein Blitz zerreißt die Nacht. Gewitter.

Als mir die ersten Regentropfen ins Gesicht fallen, weiß ich, dass ich morgen bei den Masters antreten werde …

Meisterschaft

Name: Chris Albrecht
Age: 14
Sex: Male
Category: U-16 Halfpipe

„And if you could sign your name at the bottom, please …“

Der ganze Laden bebt. Rock, HipHop und Metal. Baggy Jeans, T-Shirts, Tattoos. Haarfarben, die du noch nie gesehen hast, Piercings an Stellen, wo du sie nie vorher erwartet hast. Das hat Stil. Mir gefällt’s.

Für vier Tage ist der Kölner Jugendpark das

Mekka der BMX-Szene. Sie sind alle hier, Fahrer aus der ganzen Welt, aus Amerika und Indien, aus Portugal und Schweden. Die Sonne strahlt und die Menschen auch. Es gibt natürlich tausende von Zuschauern. Und sie kriegen eine Menge zu sehen.

Es gibt den *Flatland*-Wettbewerb im großen Zelt am Ende des Freiluftgeländes; es gibt einen riesigen, wellenförmigen *Dirt-Track*, der sich seinen Weg durch die Bäume am Rand des Rheins bahnt; ein abgestuftes *Street*-Gelände bietet endlose Möglichkeiten für neue Tricks; und neben der kleinen *Miniramp*, die im Vergleich dazu wie ein Kinderspielplatz aussieht, steht die prächtige Halfpipe. Ich bin angekommen.

Benno und Anna sind auch dabei. Benno hat seine Mappe mitgebracht, aber ich habe kein Ohr für seine Berechnungen. Jetzt kommt die Stunde der Wahrheit. Jetzt ist Schluss mit Theorie.

Schade, dass Vincent nicht hier ist. Immer wieder schweifen meine Gedanken zu ihm. Jetzt ist er wieder in Dublin bei seinen Leuten. Er ist bestimmt traurig wegen der Masters und wird sehnsüchtig auf den nächsten großen Contest warten müssen. Er wird ziemlich bald eine

Freundin finden. Irgendeine irische Schönheit mit grünen Augen und Sommersprossen auf der Nasenspitze. Er wird mit ihr ein paar Jahre glücklich sein und mich vergessen. Ich werde nichts mehr als eine dunkle Erinnerung für ihn sein, eine Episode, die er aus dem Gedächtnis gestrichen hat. Wenn jemand ihn zufällig fragen würde: „Kennst du einen gewissen Chris Albrecht aus Deutschland?“, würde er „Nein“ sagen. „Nie von ihm gehört.“

Ich fürchte, es wird bei mir länger dauern, ihn zu vergessen.

Aber als Erstes muss ich mit Johnny sprechen. Das steht bei mir ganz oben auf der Tagesordnung. Ich sehe, wie er neben der Halfpipe mit den Jungs aus der Halle herumlungert.

„Sollen wir mitkommen?“, fragt Anna besorgt.

„Nein.“ Ich habe vor nichts mehr Angst. „Ich will das alleine machen.“

Ich lasse Benno und Anna stehen und gehe direkt auf die Clique zu. Jetzt werden die Karten neu gemischt, Jungs. Wartet's ab.

„Na, was machen die Groupies?“, sage ich, als ich bei ihnen bin.

Alle sechs Jungs drehen sich zu mir um und erstarren schlagartig. Wenn sie die Augen weiter aufmachen, fallen ihnen die Augäpfel raus wie Jo-Jos.

„Was? Wie siehst du denn aus?“, fragt Nik erstaunt. „Bist du ’ne Lesbe geworden, oder was?“

Johnny stößt Nik heftig mit seinem Ellbogen in die Rippen und knurrt: „Halt die Klappe, Mann.“

Die Jungs starren jetzt Johnny verblüfft an. Sie sind völlig verwirrt. Ich bin echt der Fuchs im Hühnerstall.

„Hast du deinen Jungs nicht gesagt, dass ich eine Geschlechtsumwandlung vorgenommen habe?“, frage ich ihn.

Die Jungs schauen wieder mit offenen Mündern zu mir, dann zu Johnny. Einige Blicke schweifen fragend über meinen Unterleib.

„Was willst du, Tine?“, fragt Johnny genervt.

„Genau das“, antworte ich. „Du scheinst meinen Namen vergessen zu haben. Heute bin ich Chris, das habe ich dir schon mal gesagt. Das solltet ihr euch alle merken. Denk an das Überwachungsvideo, Johnny.“

Zur Sicherheit habe ich eine Kassette mitgebracht. Ich ziehe sie wie ein Schwert aus meinem Rucksack und wedele mit ihr vor Johnnys Nase herum.

„Sachbeschädigung kann mit einer Strafe von bis zu sechs Monaten Jugendknast belegt werden.“

Ich habe keine Ahnung, was auf der Kassette ist. Wahrscheinlich *Pu der Bär* oder *Bambi*.

„Wusstest du das nicht?“, wende ich mich an Nik. Er schaut betroffen zu Boden und mir ist klar: Er war dabei.

Beim Anblick der Kassette wirkt Johnny auch nervös, er windet sich wie ein Wurm, aber dann – zack – ist er wieder Mr Cool.

„Ist doch egal. Kannst mitfahren, wenn du willst“, sagt er lässig. „Ist zwar rechtswidrig, aber …“

„Sachbeschädigung auch“, beende ich seinen Satz.

Er schweigt und schaut mich durchdringend an. Es gefällt ihm nicht, wenn jemand anderes die Oberhand hat.

„Mach, was du willst“, zischt er.

„Gut, dann sind wir uns einig. Ich fahre heute mit und ihr haltet dicht. Oder es gibt Ärger.“

Ich schaue in die Runde. Nur gesenkte Köpfe und unsichere Blicke.

„Ich würde dir ja gern Glück wünschen, Johnny“, füge ich hinzu, „aber ich gönne dir nicht ein bisschen davon. Ich werde dich heute mit links schlagen."

Johnny zieht eine Grimasse. „Du hast keine Chance."

Aber ich habe nichts mehr zu verlieren. „Das werden wir noch sehen."

Ich drehe mich um und lasse die gehirnamputierten Jungs alleine mit ihrem BMX-Gott stehen. Benno und Anna warten auf mich.

„Gut gelaufen?"

„Sehr gut gelaufen."

Wir schlagen zu einem High-Five ein und hören die erste Durchsage des Tages: „Teilnehmer der Kategorie U-16 Halfpipe können sich jetzt auf der Halfpipe aufwärmen. Die erste Runde wird in ungefähr fünfzehn Minuten beginnen …"

„Na, dann los", meint Benno.

„Toi, toi, toi!", sagt Anna.

Ich gehe auf die Halfpipe-Rampe und fahre nach oben auf die Plattform. Dort stehen schon die meisten der sechzehn Fahrer und wärmen sich auf. Aber was ich da sehe, haut mich fast um. Ich erkenne den Helm sofort. Das weiß lackierte Rad. Die roten Räder. Die *Carhartt*-Hose. Das einfache schwarze T-Shirt. Die funkelnden Augen, die mich anlächeln. Auf einmal steht Vincent vor mir. Ich traue meinen Augen kaum. Der Junge, der vom Himmel fiel, jetzt zum zweiten Mal!

„Hello, Chris, wie göhts dich?“, fragt er schmunzelnd.

Mir verschlägt es die Sprache. „Wie … was machst du hier … ich dachte … du bist nach Hause gefahren?“

Vincent runzelt die Stirn und schaut mich mit seinem verlorenen Hundeblick an. Stimmt, er versteht ja kein Deutsch!

„Johnny told me you'd gone home“, sage ich.

Er lacht kurz auf und schaut zum Himmel. „If I hadn't lost my passport, I'd be in Dublin right now.“

An seinem frechen Ton merke ich sofort, dass er wieder gut drauf ist. Da steht ein ganz anderer Mensch vor mir als gestern. Er ist halt der alte Vincent, der Vincent, den ich kennen gelernt habe. Der spaßige, witzige, freche Kerl von der Grünen Insel. Der mit dem Funkeln in den Augen.

„My wallet and my plane ticket, too“, fügt er hinzu. „I guess it was **fate**[1]. I **spent**[2] the night in the airport. In the departure hall. On the floor

[1] fate – Schicksal
[2] to spend (time) – verbringen

in front of *Café Kunst*. First class **accommodation**[1], I'm telling you. At least, until the **cleaners**[2] woke me up at five o'clock this morning."

Vincent lacht. Es ist so schön, ihn wieder lachend zu sehen. Ich kann mir genau vorstellen, wie er sich gemütlich am Boden vor einem Café im Flughafen zusammengerollt hat. Schade, dass ich nicht dabei war.

„And then I thought: it's a **sign**[3]. I can't go back to Ireland now. I have to stay. I have to beat Johnny and I have to –" Vincent stockt.

Er schaut mich verschwörerisch an und fasst mich am Arm. Er zieht mich ein bisschen zur Seite, weg von den anderen Fahrern, bis zum Geländer.

„I thought a lot about what happened", flüstert er mir zu und schaut über seine Schulter, um zu checken, dass ihm keiner zuhört. „I talked to a friend of mine in Dublin … I don't want to feel bad about what happened anymore … what happened between us … There's no reason to feel bad … I just … I just want us to be friends … like at the beginning."

[1] accommodation – Unterkunft
[2] cleaner – Reinigungskraft
[3] sign – Zeichen

Er reicht mir die Hand und sagt: „O. k. …? Friends …?“

Ja klar können wir Freunde sein – auch wenn ich lieber seine Freundin wäre. Ich würde ihn jetzt lieber umarmen, als ihm die Hand zu geben. Ich könnte ihn sogar küssen.

Aber ich nehme seine Hand und drücke sie fest. „Friends“, sage ich zur Bestätigung.

Als Vincent loslässt, sagt er mit einem Augenzwinkern: „And now we're **rivals**[1] …! Good luck.“

Er wendet sein Rad zur Rampe und fährt über das *Coping* los. Auf der gegenüberliegenden Plattform sehe ich Johnny. Er starrt mich verhasst an und schüttelt langsam den Kopf. Er hat uns die ganze Zeit beobachtet.

Der Moderator nimmt das Mikro in die Hand. „Ladies and Gentlemen, meine Damen und Herren, please take your seats for the first round of the Under-16 Halfpipe Competition!“

Die Party geht los.

[1] rival – Rivale

The first two rounds were a **piece of cake**[1]. From sixteen riders, four of us qualified for the **semi-final**[2]: me, Johnny, Chris, and Wayne from America. Only two of us will make it to the final.

The semi-final has already started. Each rider has two rides of two minutes each. A big electronic **display board**[3] above the halfpipe shows the points which the jury gives each rider. The four semi-finalists have each ridden once, and at the moment the points are: Wayne 16, me 19, Chris 20, Johnny 21. So at the moment it's Chris and Johnny in the final, but all that can change with the second ride. Everything is open.

Chris is the next to ride. Just before he **sets off**[4], I see him looking down at Benno in the crowd. Benno **mouths**[5] something to him and **circles**[6] his finger in the air. I know exactly what he's trying to say: "900."

[1] a piece of cake – ein Kinderspiel
[2] semi-final – Halbfinale
[3] display board – Bildschirm
[4] to set off – aufbrechen
[5] to mouth sth – etwas lautlos sagen
[6] to circle – kreisen

Chris sets off for his last run. He does a nice *Tailwhip to No-footer* and **pulls off**[1] an even better *Front Peg Stand Nosepick*. That's going to be difficult to beat!

Then he starts to build up **speed**[2] for a 900. The commentator picks up the **vibe**[3] and starts going crazy. "Chris Albrecht from Germany is about to try a 900!! U-N-B-E-L-I-E-V-A-B-L-E! There's never been a 900 in the U-16 category. Will he make history?"

The **audience**[4] start clapping rhythmically.

I watch on **spellbound**[5]. The **suspense**[6] is almost killing me. I think about all the hours Chris and I spent trying to pull off this one trick. **Unsuccessfully**[7]. Will he be able to make it?

Then he takes off. He turns the full 900 degrees, but as he lands, his back **wheel**[8] hits the coping and he goes flying through the air. The audience **gasps in shock**[9]. Chris **skids**[10] head-

[1] to pull off – schaffen
[2] speed – Tempo
[3] vibe – Stimmung, Atmosphäre
[4] audience – Publikum
[5] spellbound – gebannt
[6] suspense – Spannung
[7] unsuccessfully – erfolglos
[8] wheel – Rad
[9] to gasp in shock – jmdm. bleibt vor Schreck die Luft weg
[10] to skid – rutschen

first down the ramp, and the bike comes crashing down on top of him.

"Oh, man!" shouts the commentator into his microphone. "Chris? Chris, are you all right?!" And when he sees that Chris isn't moving, he screams in the microphone, "Get the **paramedics**[1]! Bitte, die Sanitäter. S-O-F-O-R-T!"

But I don't wait for the paramedics. I run down to Chris. He's lying there flat on his face, **lifeless**[2]. I grab his bike and take it off him.

"Chris, wake up! Wake up!"

Still no **movement**[3]. I **bend down**[4] to roll him onto his back and, as I do so, I see his T-shirt is **ripped**[5] up the side. The bike landing on top of him must have hurt him just as much as the fall. There's a big **scratch**[6] along his **ribs**[7], probably from one of the pedals. And above the scratch I see something that I don't understand at first. It looks like a **bra**[8].

It is a bra. A sports bra. What the … ?

I don't have time to think. I take off his hel-

[1] paramedics – Sanitäter
[2] lifeless – leblos
[3] movement – Bewegung
[4] to bend down – sich runterbeugen
[5] ripped – zerrissen
[6] scratch – Kratzer
[7] rib – Rippe
[8] bra – BH

met. Her helmet. The paramedics come **rushing**[1] up behind me. Chris still has her eyes closed.

"Chris, come on! Open your eyes!" I shout.

I **slap**[2] her around the face. I want to shake her **awake**[3]. I want her to show me she's **alive**[4].

"Wir kümmern uns um ihn," says one of the paramedics, but then Chris slowly opens her eyes.

"Chris!"

A **faint**[5] smile goes over her lips. "Where's the moon when you need it, Vincent?"

The paramedics push me **roughly**[6] to one side, and I fall over, but I don't care because – whether she's a boy or a girl – **all that counts**[7] is that Chris is o. k. …

[1] to rush – eilen
[2] to slap sb – jmdm. einen Klaps geben
[3] awake – wach
[4] alive – am Leben
[5] faint – schwach
[6] roughly – grob
[7] all that counts – das Einzige, was zählt

Entlarvt

Mein Kopf pocht. Ich liege auf einer Bahre und starre die gleißend weiße Decke an. Es glüht hier wie in einem 900 Grad heißen Ofen.
„Junge Dame? Kannst du mich hören?“, ertönt eine weibliche Stimme wie aus weiter Ferne. Ich drehe meinen Kopf und sehe die verschwommenen Umrisse einer Gestalt. Sie wird langsam deutlicher. Es ist eine Frau, die einen weißen Kittel trägt. Sie hält mir ihre ausgebreitete Handfläche entgegen.
„Wie viele Finger sind das?“

Es kostet mich enorme Kraft zu zählen: 1 … 2 … 3 … 4. Nein, der vierte ist nicht da.

„Drei“, sage ich und meine Stimme versagt.

„Sehr gut, Christine. Deine Freundin Anna ist hier.“

Ich versuche meinen Kopf weiter zu drehen, um Anna zu sehen, aber es tut alles weh. Ich fühle mich richtig platt, wie ein Fahrradschlauch, aus dem die letzten Luftpartikel rausgepresst wurden.

Hinter der Frau steht Anna und ich erkenne, dass ich in einem Zelt bin. Das Sanitätszelt. Ein fettes rotes Kreuz klebt an der Wand.

„Hi, Tine, du bist ganz schön hingeknallt“, sagt Anna sanft, „aber es ist alles o. k. Nichts gebrochen. Benno ruft gerade deine Eltern an.“

„Du hast Glück gehabt“, meint die Sanitäterin. „Es ist nur eine leichte Gehirnerschütterung, Rippenprellung und eine kleine Blessur. Hier, an der Seite.“

Ich schaue nach unten und kriege einen Schreck, als ich merke, dass ich halb nackt bin. Ich habe nur Höschen und BH an. An meiner Rippe sehe ich den langen Kratzer, der mit einer roten Salbe behandelt wurde. Es brennt höllisch. An meinen Beinen sind ein paar blaue Flecken. Ich fühle mich viel schlimmer, als ich aussehe.

„Das ist der Schock“, sagt die Sanitäterin, als ob sie meine Gedanken lesen kann. „In einer Stunde wirst du wieder auf den Beinen sein. Aber kein Radfahren mehr für heute …“ Das habe ich schon geahnt. „Soll ich dich zudecken?“

Ich nicke und schaue mich noch mal im Zelt um. Außer Anna ist keiner da.

„Wo ist Vincent?“, frage ich.

„Er wartet draußen. Willst du mit ihm sprechen?“

Ich nicke noch mal und Anna und die Sanitäterin verlassen beide das Zelt.

Kurz danach kommt Vincent rein. Auf einmal fühle ich keine Schmerzen mehr. Er kommt langsam und zögerlich auf mich zu. Ich ziehe die Decke bis unter mein Kinn.

„Hey there, Chris!“, flüstert er, als er neben der Liege stehen bleibt. „How are you feeling?“

„I'm o. k.“

Er tritt von einem Fuß auf den anderen und schaut sich überall im Zelt um, nur zu mir guckt er nicht. Das Schweigen dauert ungefähr hundert Jahre. Ich warte, bis er etwas sagt. Ich gehe davon aus, dass er die Wahrheit weiß.

Endlich spricht er, schüchtern und stotterig. „You were **unconscious**[1] for a few seconds“, sagt er verlegen, ohne mich anzuschauen. „I … I saw your … your bra …“ Er deutet mit dem Kopf auf meine Brust. „You're a girl“, zieht er sachlich seinen Schluss daraus.

Oder ein Junge, der einen Sport-BH trägt, denke ich und könnte fast kichern. Ich bin so erleichtert, dass es endlich raus ist. Aber ich merke, dass meine Rippenprellung sich nicht mit einem Lachkrampf verträgt.

[1] unconscious – bewusstlos

„Yes, I'm a girl", sage ich einfach.

Jetzt erst schaut er mich an. Nachdenklich mustert er mein Gesicht, als ob er darin Spuren meiner früheren Identität sucht. Ich weiß, dass er nicht viel finden wird. Schließlich runzelt er die Stirn und hebt leicht die Schultern.

„Why didn't you tell me before?"

„I … I didn't want to take the risk."

Vincent schweigt und lässt diese Neuigkeit sacken. Wieder eine lange Pause. Dann lacht er und schüttelt ungläubig den Kopf.

„I don't know how you did it … **pretending**[1] to be a boy like that all the time. You should get an Oscar. Really. Best Male Actress …"

„I'm sorry", sage ich, obwohl Vincent gar nicht sauer wirkt. „I didn't want to hurt you. I just had to do it. You understand? Don't be angry with me."

„It's o. k. I understand."

Ich hebe langsam meine Hand. Sie ist schwer wie Blei. Ich strecke sie Vincent entgegen. „Are we still friends?"

Vincent nimmt sofort meine Hand. Auf einmal ist sie leicht wie eine Feder.

„Yeah, sure we are", sagt er. Er stützt sich

[1] to pretend – so tun, als ob

gegen die Kante der Liege und lässt seine andere Hand kurz über meine Wange streifen. „Du – bist – meine – Freundin.“

„Should I have told you before?“, frage ich. Ich habe echt ein schlechtes Gewissen. Ich weiß nicht, ob ich mir verzeihen könnte, wenn ich in Vincents Lage wäre.

Vincent zieht eine Grimasse und zuckt die Achseln. „Maybe. Maybe not. Who knows? But it doesn't make any difference now.“

„Are you in the final?“, will ich jetzt unbedingt wissen. Es ist nämlich noch eine Rechnung offen.

Vincent nickt. „Yeah. Me and Johnny. It starts soon.“

„I'm sure you'll make it.“

„Thanks“, meint er. Er steht auf, lässt meine Hand aber nicht los. „You need to **rest**[1] now. I'll come back after the final.“

„Don't forget to feel good“, sage ich und merke dabei, wie schwach meine Stimme ist.

„Yeah, I know.“ Er nickt grinsend. „Because to ride good ...“

„... you have to feel good“, vollende ich seinen Satz.

[1] to rest – sich ausruhen

Ein breites Lächeln strahlt auf seinem Gesicht.

„That shouldn't be too much of a problem", fügt er hinzu. „All I have to do is think of you."

Vincent legt meine Hand wieder auf die Decke. Gleichzeitig beugt er sich herunter zu mir und küsst mich sanft auf den Mund. Ein Gefühl zischt durch meinen Körper, als würde ich in Rekordhöhe auf meinem BMX über die Halfpipe fliegen. Es herrscht eine wahnsinnige Stille, obwohl alles in mir und um mich herum rast wie ein Wirbelsturm. Aber irgendwie fällt alles von mir. Ich bin frei und schwerelos, mitten in der Luft. Echt wahnsinnig. Es gibt nur mich und dieses Gefühl. Und das ist das Glück.

„Ladies and Gentlemen, please take your seats for the final of this year's Under-16 Halfpipe Competition", dröhnt plötzlich die Stimme des Kommentators über die Lautsprecher draußen.

Vincent streicht mir über die Haare und steht wieder auf.

„I have to go", sagt er. „Bis später ... Christine."

„Bis später, Vincent. Good luck."

Er lächelt mich mit seinen blauen Augen an. Dann dreht er sich um und geht leise zum Ausgang.

Als er nach draußen verschwindet, denke ich, wie schön es ist, ein Mädchen zu sein. Es hat ganz klar Vorteile. Zum Beispiel kannst du hübsche Jungs wie Vincent küssen.

Ich weiß natürlich, dass Vincent das Finale gewinnen wird. Er hat es schon gewonnen, bevor es losgegangen ist. Auch wenn Johnny ihn schlägt, bekommt Vincent trotzdem den ersten Preis – den einzig wahren Preis – und ich habe daran teil. Ich bin auch ein Gewinner.

„And here comes the second finalist onto the platform … Vincent Jones from Dublin, Ireland!“, brüllt der aufgeregte Kommentator ins Mikrofon. Das Publikum schreit vor Begeisterung.

Ich glaube, ich will doch lieber ein Mädchen bleiben. Ich bin, was ich bin, und daran ist nichts zu ändern. Aus meiner Haut komme ich nicht raus. Ich bin eigentlich ganz zufrieden damit. Und auf keinen Fall werde ich noch mal vorgeben, jemand anderes zu sein, als ich wirklich bin. Ich bin Christine Albrecht aus Balkhausen, und die bleibe ich auch.

„While we let these two exceptional riders warm up, let me tell you a few things about them. Johnny Pongratz is fifteen years old and has been riding for over six years …“

Ich merke, wie schwer meine Augenlider sind. Ich will auf jeden Fall während des Finales wach bleiben, aber der Schlaf übermannt mich. Wenn ich wieder auf den Beinen bin, muss ich unbedingt mit den Masters-Organisatoren sprechen. Nächstes Jahr muss es eine Halfpipe-Kategorie nur für Mädchen geben. Und zwar mit dem gleichen Preisgeld wie bei den Jungs. Ich werde mich durchsetzen, egal was kommt. Schließlich muss man sich im Sport an die Regeln halten. Und mit dem Preisgeld kann ich einen kleinen Urlaub machen – in Irland natürlich.

„And Vincent Jones, also aged fifteen, has been riding for five years ...!“

Die Stimme des Kommentators kommt aus scheinbar immer größer werdender Entfernung. Ich kann meine Augen kaum aufhalten. Alles in allem war es ein hoher Aufstieg und ein sehr tiefer Fall, aber das Risiko hat sich gelohnt. Wer nichts riskiert, kann nichts gewinnen, das stimmt hundertpro. Und für die Liebe lohnt es sich, alles aufs Spiel zu setzen.

„O. k., ladies and gentlemen, **hold on tight**[1]. The warm-up is over, the final is about to begin.

[1] hold on tight! – haltet euch fest!

And the first rider up is … Vincent Jones!! Go for it, Vincent!“

Die Metalmusik startet. Das Publikum tobt. Es gibt eine Welle wilden Applauses und schriller Pfiffe. Aber bei mir verklingt die Geräuschkulisse langsam im Nichts. Ich schließe meine Augen und falle in Tiefschlaf. Ich träume von BMX. Und von Vincent.

THE END

Glossar

BMX kommt aus Amerika. Deswegen sind fast alle Begriffe aus dem Englischen übernommen. Hier die wichtigsten:

Air: Du fährst die Rampe hoch, fliegst in die Luft und drehst dich mindestens 180 Grad, bevor du wieder auf der gleichen Rampe landest. *air* – Luft

Barhop: Während du fährst, springst du mit den Beinen über den Lenker. *to hop* – hüpfen; *bar* – Lenker

Barspin: Bei einem Sprung oder auf dem Boden drehst du den Lenker mindestens 180 Grad. *to spin* – drehen

BMX: Bicycle Motocross

Coping: Der Abschluss einer Rampe, in der Regel aus einem Metallrohr bestehend.

Fakie: Du fährst die Rampe hoch, als ob du gleich einen Trick machen willst, aber genau das tust du nicht. Stattdessen rollst du die Rampe rückwärts wieder runter. *fake* – gefälscht

Flatland: Tricks auf dem flachen Boden, fast wie „Tanzen" mit dem Bike. *flat* – flach

Front Peg Stand Nosepick: Du stehst auf dem Vorderrad und stellst die Füße auf die vorderen Pegs. *pegs* – Achsenverlängerungen

No-Handed Air: Du fliegst über die Rampe und

lässt den Lenker mit beiden Händen los. *no-handed* – ohne Hände

Nosepick: Du landest nach einem Sprung auf dem Vorderrad, balancierst kurz aus, bevor du wieder auf die Rampe springst.

Rocket Fakie: Du springst von der Rampe, dabei streckst du beide Füße nach hinten. Bevor du wieder landest und rückwärts die Rampe runterfährst, stellst du die Füße wieder auf die Pedale. *rocket* – Rakete

Street: Eine BMX-Disziplin auf einem Gelände mit zahlreichen größeren und kleineren Rampen sowie Wänden und weiteren Konstruktionen, die der „Straße" ähneln, z. B. Treppengeländern, Stufen, Bordsteinen etc.

Tailwhip to No-footer: Bei einem Sprung nimmst du beide Füße von den Pedalen und drehst das Hinterteil deines Bikes um 360 Grad. Vor der Landung streckst du die Füße noch mal kurz aus. *tail* – Schlange; *to whip* – peitschen

900er: Du fährst die Halfpipe oder Rampe hoch, fliegst in die Luft, drehst dich und dein Rad 900 Grad um die eigene Achse.

540er: Ein 540er ist das Gleiche, nur mit einer 540-Grad-Drehung.

Mehr Infos für alle, die Interesse an BMX in Deutschland haben, unter: **www.bmxmasters.com**

Der Autor möchte sich bei Stephan Prantl, Koorganisator der BMXMasters in Köln, für seine Beratung und Unterstützung beim Schreiben dieses Buches bedanken.

Bei Thienemann von David Fermer
bereits erschienen:

Nonstop Hiphop!

Fermer, David:
Nonstop BMX!
ISBN 13: 978 3 522 17820 4
ISBN 10: 3 522 17820 3

Gesamtausstattung: Alexander Weiler
Einbandtypografie: Michael Kimmerle
Innentypografie: Kadja Gericke
Schrift: Concorde + Officina serif
Satz: KCS GmbH, Buchholz/Hamburg
Reproduktion: Medienfabrik, Möglingen
Druck und Bindung: Friedrich Pustet, Regensburg

5 4 3 2 1* 06 07 08 09

www.thienemann.de